Gisela Bulla

Ratten

als Heimtiere

richtig pflegen und verstehen

Experten-Rat für die artgerechte Haltung
Auch für Kinder, die ihr Tier selbst versorgen

Mit Farbfotos von Karin Skogstad
und Zeichnungen von Fritz W. Köhler

GRÄFE
UND
UNZER

Die Farbfotos auf den Buchumschlagseiten zeigen:
Umschlagvorderseite: Schwarz-weiß gescheckte
Ratte.
Umschlagseite 2: Mädchen mit Ratte.
Umschlagseite 3: Halbwüchsige wildfarbene Ratten.
Umschlagrückseite: Schwarz-weiß gescheckte Ratte
mit Futterbrocken.

Die Autorin

Dr. Gisela Bulla, promovierte Archäologin,
Lektorin und seit 1976 freie Schriftstellerin. Die
engagierte Tierschützerin und Gegnerin von
Tierversuchen ist Autorin zahlreicher Tier-
bücher zum Thema Katzen, Ratten und Haus-
tierhaltung.

© 1990 Gräfe und Unzer Verlag GmbH, München
Inhaltlich unveränderte Ausgabe der 2. Auflage

Redaktionsleitung: Hans Scherz
Stellvertretende Redaktionsleitung:
Renate Weinberger
Lektorat: Gabriele Linke-Grün
Herstellung: Dieter Lidl
Umschlaggestaltung: Heinz Kraxenberger
Fotos: Karin Skogstad
Zeichnungen: Fritz W. Köhler

Druck: Wagner GmbH
Bindung: R. Oldenbourg

ISBN 3-7742-1258-9

Auflage 10. 9. 8. 7.
Jahr   99 98 97 96 95

Wichtig: Damit die Freude an Ratten als
Heimtiere ungetrübt bleibt, beachten Sie bitte
die »Wichtigen Hinweise« auf Seite 56.

Inhalt

Ein Wort zuvor

Ratten sind klug, anpassungsfähig und sie haben ein bemerkenswert hoch entwickeltes Sozialbewußtsein. Ein Beispiel dafür, wie groß die Hilfsbereitschaft, die Ratten untereinander pflegen, sein kann, erzählt diese fast unglaubliche Geschichte: Zwei Ratten überqueren einen Hof. Eine der beiden wird vom Bauern erschlagen. Die andere Ratte bleibt bewegungslos sitzen. Man stellte fest, daß dieses Tier blind ist. Neben der toten Ratte wird ein Strohhalm gefunden, mit dessen Hilfe sie die blinde über den Hof geleitet hatte.

All die erstaunlichen Verhaltensweisen ihrer wilden Artgenossen zeigen auch die in vielen hübschen Fellfarben gezüchteten Ratten als Heimtiere. Das macht sie zu geradezu idealen Hausgenossen – vorausgesetzt, man hält sie artgerecht. Die Ratte wird dann zum zärtlichen Schmusetier, das auf Zuruf herbeigeeilt, sich gerne hochnehmen und streicheln läßt. Um das zu erreichen, müssen Sie natürlich etwas mehr über diese großen Mäuse wissen und einiges beachten, damit sich die Tiere wohlfühlen und ihre vielfältigen Verhaltensweisen zeigen. Gisela Bulla, die Autorin dieses neuen GU Tier-Ratgebers kennt Ratten ganz genau. Ihre kompetenten Ratschläge für die artgerechte Haltung helfen Ihnen, Haltungsfehler von Anfang an zu vermeiden. Ihre präzisen Anleitungen sind leicht nachvollziehbar, auch für Kinder, die Ihre Ratte selbst versorgen. Ratten lieben die Dämmerung, deshalb darf ihr Käfig nicht zu lichtdurchlässig sein. Die Autorin beschreibt verschiedene Möglichkeiten, wie eine Unterkunft für Ratten aussehen sollte. »Spielen großgeschrieben« heißt es für die intelligente Ratte, mehr als für die meisten anderen Heimtiere. Was Sie Ihrer Ratte an Spiel- und Beschäftigungsmöglichkeiten bieten können, ja sogar die Beschreibung der Anlage eines Sandkastens und eines Spiellabyrinths, finden Sie in diesem GU Ratgeber.

Mit einer zahmen Ratte können Sie unbesorgt einen Spaziergang im Freien machen, ohne daß das Tier wegläuft. Gisela Bulla gibt Ihnen Tips, wie Ihre Ratte handzahm wird und was Sie für den ersten gemeinsamen Ausgang beachten müssen.

Für den Fall, daß Ihre Ratte einmal krank wird, finden Sie in dem Kapitel »Gesunderhaltung und Krankheiten« Rat und Hilfe.

Von einer Rattenzucht wird in diesem Buch abgeraten, denn Ratten sind sehr fruchtbar und ohne Kontrolle hätten Sie innerhalb kürzester Zeit eine ganze Rattenschar in Ihrer Wohnung. Die Autorin erklärt, wie Sie Rattennachwuchs verhindern können. Sie erfahren aber auch, was Sie tun müssen, wenn sich trotz sorgfältiger Vorkehrungen Nachwuchs bei Ihren Ratten einstellt. Außerdem erhalten Sie einen Überblick darüber, wie sich die Entwicklung der Jungen vollzieht.

Im Sonderteil dieses Ratgebers erzählt Ihnen Gisela Bulla vom Leben der Ratten in der Natur, welche erstaunliche Aufgabenteilung im Rattenclan herrscht und welche Sinnesleistungen Ratten erbringen können. Um Ratten besser verstehen zu lernen, sind diese Informationen von großem Nutzen.

Fundierte, leicht verständliche Anleitungen, informative Zeichnungen und die ausdrucksstarken Farbfotos, die von Karin Skogstad eigens für dieses Buch aufgenommen wurden, machen diesen Ratgeber zu einem unentbehrlichen Begleiter für alle Rattenfreunde.

Viel Freude mit Ihrer Ratte wünschen Ihnen die Autorin und die GU Naturbuch-Redaktion.

Autorin und Verlag danken allen, die zum Entstehen dieses Buches beigetragen haben: Der Tierfotografin Karin Skogstad für die außergewöhnlichen Farbfotos, dem Zeichner Fritz W. Köhler für die informativen Zeichnungen und der Tierärztin Dr. Gabriele Wiesner für die Durchsicht des Kapitels ›Gesunderhaltung und Krankheiten‹.

Wissenswertes über Ratten

Ratten finden Freunde

Jahrtausendelang galten Ratten als Ekeltiere und Überträger von gefährlichen Krankheiten. Deshalb wurden und werden sie weltweit als Ungeziefer bekämpft, vorwiegend mit Gift. Wer sich jedoch näher mit einer Ratte beschäftigt, wird feststellen, daß Ratten nicht nur sehr intelligente und anpassungsfähige Lebewesen sind, sondern auch liebenswerte Heim- und Streicheltiere werden können. Eine Ratte, die als Heimtier gehalten und liebevoll behandelt wird, bringt »ihrem« Menschen Zutrauen entgegen und zeigt dabei überraschende Verhaltensweisen.

In England wurde jetzt sogar ein »Club der Rattenfreunde« gegründet, und die englische Tierschutzorganisation »Animus« erklärte 1990 jeden zweiten Dienstag im Februar zum »Rattendienstag«.

Ratten sind große Mäuse

Sowohl die in Deutschland fast ausgerottete Hausratte *(Rattus rattus)* als auch die Wanderratte *(Rattus norvegicus)* gehören zur Familie der echten Mäuse *(Murinae)*, einer Unterfamilie der Mäuse *(Muridae)* insgesamt.

Gemeinsame Merkmale: Mäuse und Ratten haben eine spitze Schnauze und eine gespaltene Oberlippe. Weitere gemeinsame Merkmale sind eine große Lücke zwischen Schneide- und Backenzähnen. Beiden fehlen die Eckzähne. Die Füße und der lange, mit Schuppenringen versehene Schwanz sind nur spärlich oder gar nicht behaart.

An den Hinterfüßen besitzen sie fünf Zehen, an den Vorderfüßen nur vier, da der Daumen nicht vollständig ausgebildet ist.

Unterschiede: Von ihren kleineren Geschwistern, den Mäusen, unterscheidet die Ratte sich vor allem durch ihre Körpergröße, ihre Intelligenz und die im Verhältnis zur Körpergröße kleineren Ohren.

Über Haus- und Wanderratten

Die Vorfahren aller Ratten, die heute als Heimtiere gehalten werden, sind Wanderratten. Sie kamen erst vor rund 200 Jahren aus Ostasien (China) nach Europa.

Die Hausratte stammt ebenfalls aus Asien, doch sie wanderte vermutlich bereits in vorgeschichtlicher Zeit in Europa ein.

Ursprünglich waren Ratten nur in Asien, Europa und Australien verbreitet. Nach Amerika, in die sogenannte Neue Welt, gelangten sie als »blinde Passagiere« auf Schiffen und in Frachtgütern versteckt. Auf diese Weise ist es ihnen inzwischen gelungen, die gesamte Welt zu bevölkern.

Wanderratten und Hausratten unterscheiden sich nicht nur äußerlich voneinander, sondern sie bewohnen auch völlig verschiedene Lebensräume. Die Unterschiede finden Sie in der Tabelle auf Seite 6 beschrieben.

Neugierige Ratte. Ratten erforschen beim Auslauf ihre Umgebung ausgiebig. Auch freilebende Ratten verbringen einen großen Teil ihrer Zeit damit, ihr Revier ausgiebig zu erkunden.

Wissenswertes über Ratten

Unterschiede zwischen Hausratte und Wanderratte auf einen Blick

Hausratte
Rattus rattus

Wanderratte
Rattus norvegicus

Schlanker, zierlicher Körperbau. Die Hausratte lebte ursprünglich auf Bäumen, später, im Gefolge des Menschen, auf Dachspeichern und Heuböden.

Kopf läuft zur Schnauze hin spitzer aus.
Große, dünne, fast nackte Ohren.
Große Augen.
Körperlänge:
16–24 cm.
Schwanzlänge:
18–25 cm;
200–260 Schuppenringe am Schwanz.

Kopf läuft zur Schnauze hin stumpf aus.
Kleine, runde, behaarte Ohren.
Kleine Augen.
Körperlänge:
21–28 cm.
Schwanzlänge:
17–23 cm;
160–190 Schuppenringe am Schwanz.

Plumper, robuster Körperbau. Die Wanderratte lebt bodennah, im Gefolge des Menschen in der Kanalisation, in Kellern und Untergeschossen von Häusern.

Tragzeit: etwa 21–23 Tage.
Wurfstärke:
5–7 Junge.
Die Hausratte ist in Deutschland fast ausgerottet.

Tragzeit: etwa 24 Tage.
Wurfstärke:
5–7 Junge.
Die Vorfahren aller Ratten, die heute als Heimtiere gehalten werden, sind Wanderratten.

Der schwarze Tod

Vier Jahrhunderte lang, von 1340 bis 1740, beherrschte der schwarze Tod, die Beulenpest, Europa. Mindestens 25 Millionen Menschen, rund ein Drittel der damaligen Gesamtbevölkerung, fielen der Beulenpest zum Opfer. Allein den Hausratten lastete man diese furchtbare Seuche an. Dabei weiß man heute, daß nicht weniger als 230 Tierarten, meist Nager, diese Krankheit auf den Menschen übertragen können. Manche Tierarten infizieren dabei den Menschen direkt. Die Ratte aber kann ihn nur über den Rattenfloh anstecken, der mit dem Pesterreger *Yersinia pestis* infiziert sein muß.

Außerdem ist die Beulenpest auch durch Kontakt direkt von Mensch zu Mensch übertragbar. Da der Rattenfloh überdies nur in warmen Klimazonen gedeiht und bei uns allenfalls in wirklich heißen Sommermonaten eine Überlebenschance hat, ist es fraglich, ob die Beulenpest tatsächlich von der Hausratte nach Europa eingeschleppt wurde. Schuld an der verheerenden Ausbreitung der Seuche waren wohl in erster Linie die katastrophalen hygienischen Verhältnisse der damaligen Zeit.

»Die Ratten verlassen das sinkende Schiff«

Das geflügelte Wort von den Ratten, die das sinkende Schiff verlassen, ist wohl jedem bekannt. Wie dieses Sprichwort zustande kam, läßt sich wahrscheinlich folgendermaßen begründen: Die Ratten ziehen sich auf Schiffen häufig in die Bilge, den untersten, für Menschen kaum zugänglichen Schiffsraum zurück, um nicht entdeckt zu werden. Dort spüren sie es als erste, wenn durch ein Leck Wasser eindringt. Natürlich fliehen sie sofort und warnen durch ihre Alarmrufe die Ratten in anderen Teilen des Schiffes. Scharen von Ratten, die in heller Aufregung von den Leitplanken eines im Hafen liegenden Schiffes stürmten, waren früher in Hafenstädten ein vertrauter Anblick. Ein anderes Sprichwort sagt: »Wenn die Mäuse zu den Katzen fliehen, bebt bald die Erde«. Es ist häufig beobachtet worden, daß vor einem Erdbeben zuerst die Katzen, dann die Ratten und Mäuse den Ort fluchtartig verlassen. Beide Tierarten reagieren aufgrund ihrer besonders hoch entwickelten Sensibilität wie lebende Seismographen. Sie spüren schon die ersten, für Menschen nicht wahrnehmbaren Erschütterungen der Erde, die einem Beben vorausgehen. Viele Menschen, die alles stehen und liegen ließen und ihnen folgten, konnten so ihr Leben retten.

Farbvarianten in der Natur

Die Wanderratte hat ein rotbraunes, graubraunes oder schwärzliches Rückenfell, das Bauchfell ist weißlich bis grau. Die einzelnen Bauchhaare sind an der Basis lichtgrau und an der Spitze weiß. Gelegentlich kommen schwarze Wanderratten vor, die auch einen weißen Brustfleck haben können. Bei diesen Tieren ist der Rücken satt schwarz oder braunschwarz, der Bauch dunkel schiefergrau oder braungrau. Von »Silberung« spricht man bei einer Mutationsform mit breitem weißen Streifen an den Körperseiten im sonst schwarzen Fell. Seltener treten in der Natur gescheckte oder cremefarbene Ratten sowie weiße Albinos (die bevorzugten Laborratten) auf. Das Fell der Wander-

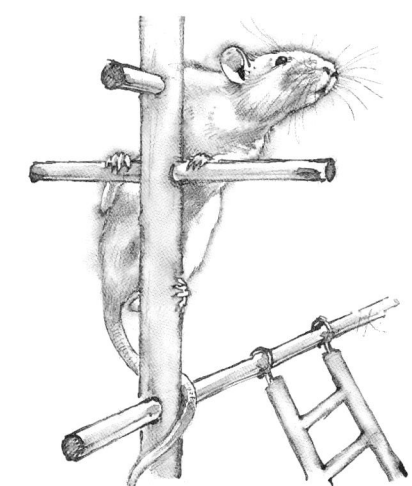

Beim Klettern benutzt die Ratte geschickt ihren Schwanz zum Festhalten.

ratte wird bei zunehmendem Alter immer heller. Bei Ratten mit ursprünglichem braungrauem Rücken und dunkelgrauem Bauch wird beim ersten sogenannten Alterskleid (das kann schon im Alter von zwölf Monaten auftreten) der Rücken fuchsrot und der Bauch weißlich aufgehellt. Später verliert das Fell an Leuchtkraft und wird wieder braunschwarz.

Die Hausratte kommt in der Natur in drei Farbvarianten vor. Ihre normale Farbe ist schwarz bis dunkelschiefergrau. Es gibt aber auch Ratten, deren Rückenfell graubraun und deren Bauchfell weiß ist (*frugivorus*-Typ). Hausratten mit gleichfalls graubraunem Rückenfell, deren Bauchfell mittelgrau gefärbt ist (*alexandrinus*-Typ), sind selten.

Farbvarianten in der Zucht

Durch züchterische Auslese sind bei Wanderratten folgende Farbvarianten entstanden:

Wildfarbene Ratten mit einfarbig graubraunem Fell können Sie jederzeit erwerben, denn sie werden besonders häufig gezüchtet.

Albinos mit weißem Fell und roten Äuglein werden gezielt für Laborzwecke gezüchtet. Daneben gibt es aber auch die Nicht-Albino-Form der weißen Ratte mit dunklen Augen.

Schwarze Ratten sind ziemlich selten.

Cremefarbene Ratten haben ebenfalls fast Seltenheitswert.

Gescheckte Ratten, weiß und schwarz, findet man dagegen häufiger. Besonders reizvoll sind Tiere mit weißem Körper und schwarzem Kopf. Von Kreuzungen zwischen wildfarbenen Tieren und weißen Tieren stammen die braunweißgescheckten Ratten ab.

Rattenzuchten fürs Labor

Seit 1890 werden Wanderratten gezielt für Versuche im Labor gezüchtet. Ratten und Mäuse sind die beliebtesten Labortiere, weil sie billig sind, platzsparend gehalten werden können und keine besonderen Futterkosten verursachen. Nach Angaben von Tierversuchslabors werden 30 Prozent aller Tierversuche mit Ratten gemacht, 60 Prozent mit Mäusen.

Ratten im Tierversuch: An Ratten werden Medikamente, Kosmetika, Sprays und viele andere chemische Produkte getestet. Ihre Reaktion auf Giftstoffe, die in diesen Mitteln enthalten sind, soll Aufschluß darüber geben, wie schädlich beziehungsweise unschädlich neue Produkte für die Menschen sind. Dabei scheint sich niemand zu überlegen, daß Ratten gegen Gifte aller Art sehr schnell resistent werden, der Mensch aber nicht. Die meisten Ratten werden jedoch in der Krebsforschung »verbraucht«. Dafür züchtet man die Ratten sogar auf eine besondere Krebsanfälligkeit hin. Der künstlich erzeugte Krebs der Ratten ist aber nicht derselbe, den ein Mensch auf natürliche Weise entwickelt. Deshalb greifen auch die Behandlungsmethoden, die bei Ratten vorübergehend anschlagen, beim Menschen nicht. Die Krebsforschung an Ratten wird nun seit über 50 Jahren betrieben, jedoch ohne wirksame Ergebnisse für den Menschen. Tiere und Menschen reagieren grundsätzlich ganz verschieden auf Belastungen aller Art. Was der Mensch verträgt, was ihm Heilung bringen kann, läßt sich nur am Menschen selber oder an schmerzunempfindlicher Materie wie menschlichen Zell- und Gewebskulturen aussagekräftig testen.

Ratten aus dem Labor: Nur wenige Ratten entkommen dem Tierversuch, indem sie von privaten Tierfreunden gekauft werden. Die Krebsanfälligkeit allerdings tragen diese Tiere in sich. Deshalb passiert es oft, daß die Ratte mit etwa zwei Jahren an Krebs erkrankt. Interessant ist aber, daß sich selbst große Krebstumore gut operativ entfernen lassen. Erst auftretende Tochtergeschwülste führen zum Tode. Sehr häufig treten bei diesen Ratten auch chronische Bronchialveränderungen auf, die mit zunehmender Atemnot einhergehen.

Fellpflege: Ratten sind sehr reinliche Tiere. Mehrmals am Tag putzen sie sich gründlich, bis ihr Fell glänzt. ▷

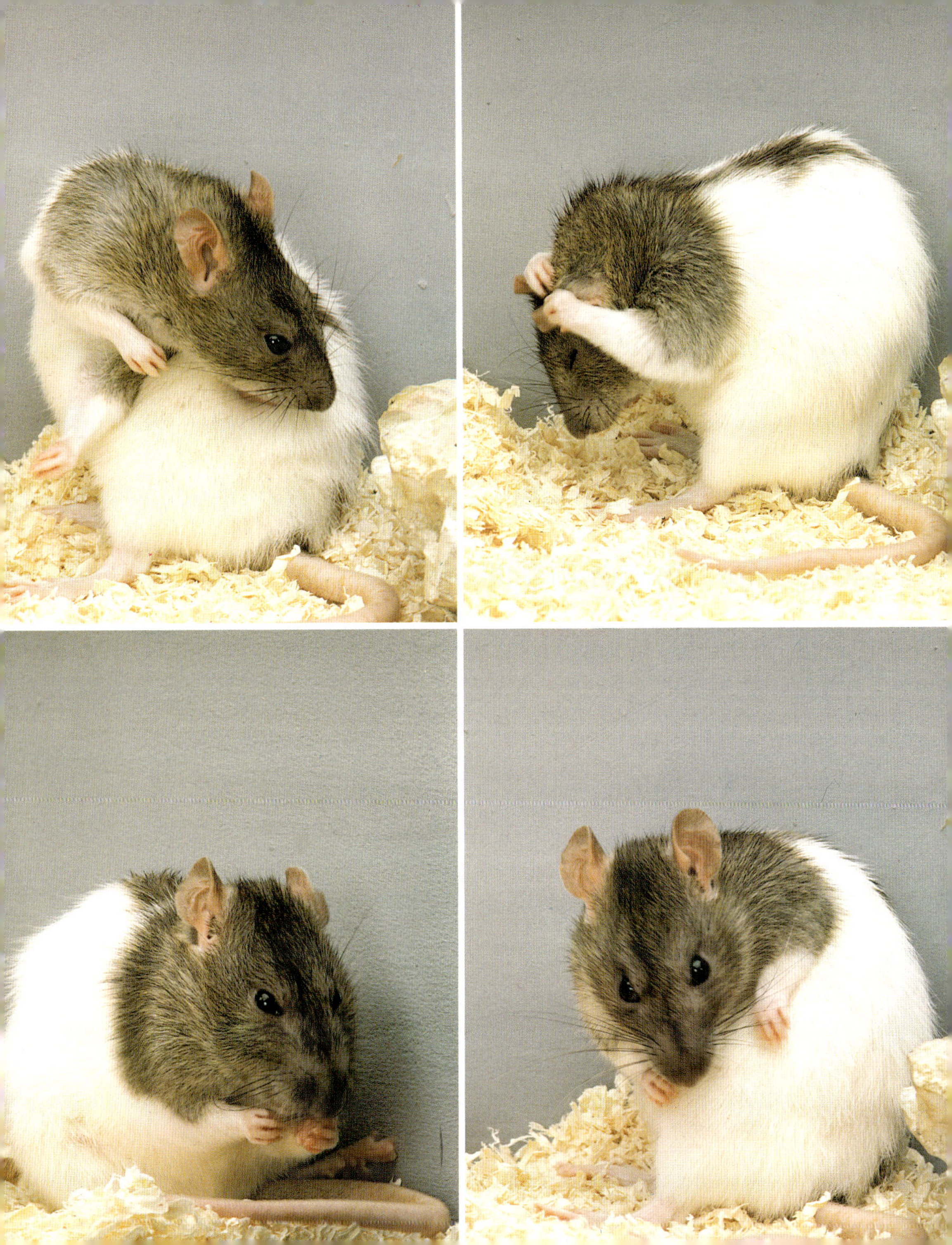

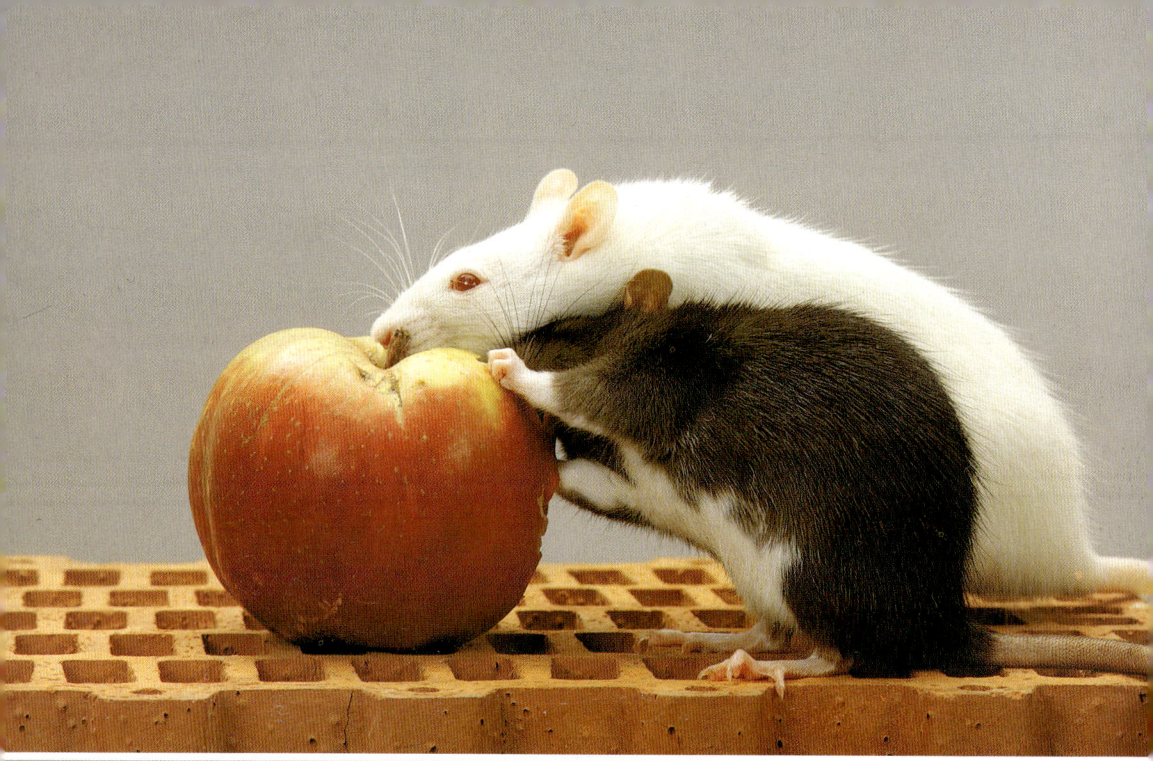

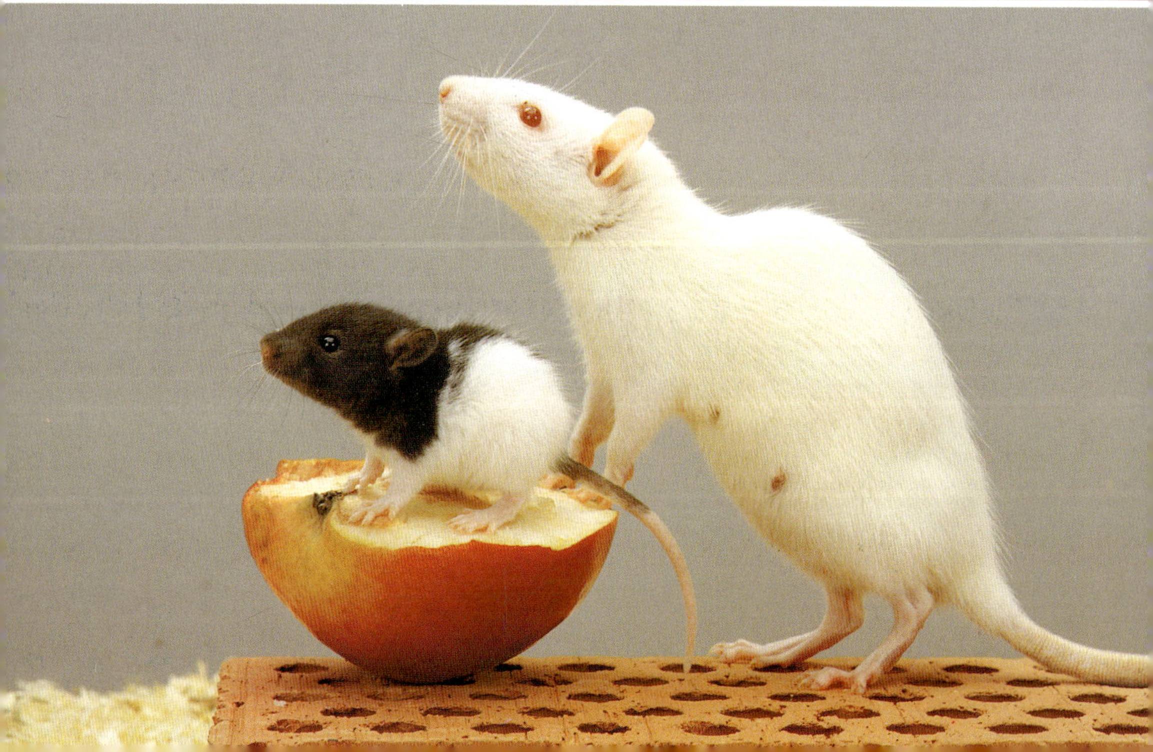

Ratschläge für die Anschaffung

Kaufen Sie niemals spontan eine Ratte, nur weil der kleine Kerl so süß ausschaut, wenn er beim Zoofachhändler aus dem Käfig guckt. Jedes Heimtier braucht Pflege und Obhut. Ratten bilden da keine Ausnahme. Bitte prüfen Sie deshalb vor dem Kauf, ob Sie in der Lage und bereit sind, das kleine Tier so zu halten, daß es gesund bleibt und sich wohl fühlt.

Zehn Entscheidungshilfen

1. Ratten sind nicht jedermanns Sache. Sind alle Familienmitglieder mit dem neuen Hausgefährten einverstanden?
2. Ist niemand im Haushalt allergisch gegen Tierhaare?
3. Ratten brauchen Körperkontakt. Sie leben am liebsten »auf ihrem Menschen«. Sind Sie dazu bereit, das Tier oft auf den Schoß zu nehmen, im Pullover oder Ärmel oder auf der Schulter herumzutragen?
4. Ratten sterben, da sie auf Krebsanfälligkeit hin gezüchtet werden, in der Regel schon mit etwa zwei Jahren. Voraus gehen Wochen und Monate, in denen das Tier an Tumoren leidet. Können und wollen Sie das kranke Tier liebevoll pflegen und vom Tierarzt behandeln lassen, was natürlich Kosten verursacht?
5. Die tägliche Pflege – füttern, spielen und Säuberung des Käfigs – kostet Zeit, die Sie vielleicht nicht übrig haben.
6. Lebende Tiere sind kein Spielzeug. Die dämmerungsaktive Ratte möchte auch am Tag viel schlafen und dabei nicht gestört werden.
7. Ratten nagen an allem, was sie erreichen können. Dadurch entstehen beim täglichen Auslauf, der unbedingt erforderlich ist (→ Seite 23), schon mal Schäden.
8. Mit anderen Heimtieren kann es Pobleme geben. (→ Seite 12).
9. Der Käfig muß geräumig und luftig sein und Versteckmöglichkeiten bieten. Er braucht unbedingt einen festen Platz in der Wohnung.
10. Klären Sie, wer im Urlaub oder wenn Sie einmal krank werden Ihre Ratte versorgt.

Zwei Ratten sind besser als eine

Ratten sind Rudeltiere, die in engen Familienverbänden leben und es lieben, die Körperwärme eines anderen Lebewesens zu spüren. Eine Ratte, die häufig allein im Käfig sitzen muß, verkümmert.

Einzeltiere sollten daher nur ausnahmsweise von Leuten gehalten werden, die viel Zeit für ihre Ratte haben und sie oft mit sich herumtragen. Ratten schlüpfen gern unter den Pullover oder in den Ärmel und können so auch ins Freie mitgenommen werden (→ Seite 26).

Zwei Ratten zu pflegen, kann ich uneingeschränkt allen Rattenfreunden empfehlen. Am besten vertragen sich zwei junge Tiere aus dem gleichen Wurf. Auch Jungtiere aus verschiedenen Würfen, die miteinander großgezogen werden, kommen gut miteinander aus. Setzt man allerdings eine oder mehrere fremde erwachsene Ratten zu einer oder mehreren bereits vorhandenen älteren Ratten, so ist Streit und Ärger vorprogrammiert (→ Wenn eine fremde Ratte im Revier auftaucht, Seite 44). Wichtig ist, daß die Ratten gleichgeschlechtlich sind. Bei einem Pärchen stellt sich nur allzu bald Nachwuchs ein. (→ Seite 41).

Mehrere Ratten können Sie ohne weiteres in einem entsprechend großen Käfig halten. In bezug auf die Verträglichkeit untereinander gilt hier das gleiche, was ich Ihnen für die Haltung von zwei Ratten empfohlen habe.

◁ **Mutter und Kind.** Die Rattenmutter (albino) nascht gemeinsam mit ihrem halbwüchsigen Jungen (schwarz-weiß gescheckt) an dem saftigen Apfel. Unten: Die kleine Ratte ist drei Wochen alt. Sie kann bereits feste Nahrung zu sich nehmen, wird aber noch etwa eine Woche lang von der Mutter gesäugt.

Kinder und Ratten

Für Kinder unter 12 Jahren eignen sich Ratten als Spielgefährten weniger, denn sie beißen schon mal zu, wenn sie ungeschickt angefaßt werden. Auch ältere Kinder sollten einige Grundregeln im Umgang mit Ratten beachten:

Das Balancieren auf einem Seil bedeutet für Ratten keine Schwierigkeit. Auf diese Weise gelangten sie früher von einem Schiff, das im Hafen vor Anker lag, an Land. Über die Taue konnten sie das Schiff auch wieder besteigen.

• Man darf eine Ratte niemals am Schwanz ziehen oder am Schwanz hochzunehmen versuchen. Der empfindliche Schwanz bricht leicht, was für das Tier mit großen Schmerzen verbunden ist. Die Behandlung durch den Tierarzt ist unumgänglich.
• Man darf die Ratte nicht stören, wenn sie schläft, auch nicht, um mit ihr zu spielen.
• Man sollte die Ratte nicht zwischen den Fütterungen mit Leckerbissen vollstopfen. Die Ratte findet das zwar toll, aber sie wird schnell dick, und das schadet ihrer Gesundheit (→ Die richtige Ernährung, Seite 29).
• Wenn die Ratte Auslauf hat, muß man vorsichtig auftreten, um sie nicht zu verletzen. Die Türen ins Freie müssen geschlossen sein.
• Die besten Spielzeiten liegen in den Abendstunden und am frühen Morgen.

Andere Heimtiere und Ratten

Hund: Am besten kann man einen Hund an eine Ratte gewöhnen. Er wird in der Regel schnell begreifen, daß die Ratte zur Familie gehört und tabu ist. Der Hund sollte den neuen Hausbewohner zunächst einmal durch die Gitter des Rattenkäfigs beschnuppern. Erklären Sie dem Hund unterdessen ruhig, daß die Ratte dableiben wird. Wenn Sie die Ratte auf dem Schoß halten, darf der Hund sie ausgiebig beriechen. Bleibt er dabei brav, bekommt er eine Belohnung. In den ersten Wochen sollten Sie den Hund nur unter Aufsicht mit der Ratte zusammen lassen. Neben dem verriegelten Käfig darf er aber auch unbeaufsichtigt liegen, so oft er möchte.

Katze: Einer erwachsenen Katze beizubringen, daß sie die Ratte nicht jagen darf, ist ein Kunststück. In seltenen Fällen gelingt das zwar, aber zur Nachahmung kann ich dieses Experiment nicht empfehlen. Etwas anderes ist es, wenn man einem jungen Kätzchen von etwa acht Wochen eine erwachsene Ratte als Gefährten gibt. Der Spieltrieb einer jungen Katze ist sehr ausgeprägt. Es ist wahrscheinlich, aber nicht sicher, daß das Kätzchen die Ratte rasch als Spielgefährten akzeptiert. Dann sollten Sie die beiden herumtollen lassen. Wenn es der Ratte zu viel wird, zieht sie sich in ihren Käfig zurück. Deshalb muß die Käfigtür während des Auslaufs immer offen bleiben. Gibt das Kätzchen keine Ruhe, sondern kratzt am Käfig, setzen Sie es für kurze Zeit in einen anderen Raum. Grundsätzlich sollten Sie die Katze und die Ratte in den ersten Wochen nicht unbeaufsichtigt miteinander spielen lassen, damit es nicht zu Keilereien kommt.

Mäuse: Sie werden von der Ratte verfolgt. Die Jagd kann für die Mäuse tödlich enden.

Hamster: Der einzelgängerische Hamster lehnt sogar seine Artgenossen ab. Noch viel weniger bereit ist er, mit Ratten zu koexistieren.

Kaninchen: Die oft sehr aktiven Kaninchen jagen die Ratten.

Vögel: Haben Ratte und Vogel zur gleichen Zeit Auslauf beziehungsweise Freiflug im gleichen Zimmer, wird die Ratte alles daran setzen, den Vogel zu erwischen. Selbst wenn der Käfig des Vogels so angebracht ist, daß die Ratte ihn nicht erreichen kann, hat der Vogel vermutlich große Angst vor der Ratte. Der Vogel befindet sich also in einer ständigen Streßsituation, wenn die Ratte im gleichen Zimmer mit ihm lebt.

Fische: Ein Aquarium sollten Sie gut abdecken, denn die Wanderratte ist ein trickreicher »Fischer«.

Wo Sie Ratten bekommen

Zoofachhandel: In einer gut geführten Zoofachhandlung können Sie meistens unter mehreren Ratten mit verschiedenen Fellfarben auswählen. Aber auch, wenn im Geschäft keine Ratten zu finden sind, nimmt der Zoofachhändler sicher gern Ihre Bestellung entgegen oder nennt Ihnen direkt den Namen eines Züchters.

Tierschutzvereine: Hier kennt man oft Anschriften von Rattenfreunden, die gern ein paar Tiere abgeben möchten. Gelegentlich kommt es auch vor, daß Ratten, die bereits einen Versuch im Labor hinter sich haben, anschließend zur Vermittlung freigegeben werden.

Tierärzte: Die Rattenfreunde unter den Tierärzten wissen oft, wo man Ratten bekommen kann. Eine Anfrage lohnt sich in jedem Fall.

Noch ein Tip zum Kauf: Das Problem bei allen Ratten, die erhältlich sind, besteht darin, daß Ratten ausschließlich für Versuche gezüchtet werden. In der Regel bekommen diese Ratten mit etwa zwei Jahren einen vorprogrammierten Krebs. Ich weiß von keiner gezüchteten Ratte, die älter als drei Jahre geworden ist, obwohl ihre natürliche Lebenserwartung bei bis zu sieben Jahren liegt. Liebhaberzuchten mit erbgesunden Tieren gibt es nicht. Verantwortungsbewußte Zoofachhändler legen Wert darauf, von Züchtern beliefert zu werden, die zur Verbesserung des Erbgutes hin und wieder eingefangene Wanderratten einkreuzen. Zur Hälfte von einem solchen Tier abstammende Nachkommen haben meist eine höhere Lebenserwartung.

Mein Tip: Sprechen Sie beim Kauf der Ratte den Zoofachhändler auf dieses Problem an. Vielleicht kann er Einfluß auf den Züchter nehmen. Möglicherweise gelingt es Ihnen, ein Tier zu erwerben, dessen Erbgut besser als das seiner angebotenen Artgenossen ist.

Mit den Vorderpfoten greift die Ratte den Futterbrocken – hier eine Nuß – und untersucht ihn zunächst von allen Seiten, bevor sie ihn verspeist.

Woran erkennt man eine gesunde Ratte?

Wenn Sie eine Ratte kaufen, sollten Sie den Gesundheitszustand des Tieres beurteilen können:

• Die Augen sollten klar sein, auf keinen Fall verklebt oder entzündet.

• Der After sollte sauber und nicht kotverschmiert sein.

• Das Fell sollte glatt sein, schön anliegen und keine kahlen, verkrusteten oder verklebten Stellen aufweisen. (→ Pilzerkrankungen, Seite 39).

Ratschläge für die Anschaffung

- Eine gesunde Ratte kommt neugierig an die Gitterstäbe, wenn sie »besichtigt« wird. Ist das Tier eher desinteressiert oder apathisch, rate ich von einem Kauf ab.
- Junge Ratten sind in der Regel zutraulich.

Geschlechtsunterscheidung

Wenn Sie zwei Ratten erworben haben, sollten Sie sofort von einem Tierarzt untersuchen lassen, ob die beiden wirklich gleichgeschlechtlich sind. Die Geschlechtsbestimmung ist nämlich für einen Laien gerade bei Jungtieren nicht ganz einfach (→ Zeichnung, Seite rechts). Haben Sie tatsächlich ein Pärchen und nicht zwei gleichgeschlechtliche Tiere erhalten, tauschen Sie eine Ratte um, und lassen Sie die neue wieder vom Tierarzt testen. Das ist zwar ein wenig umständlich, aber nur so gehen sie auf »Nummer sicher«.

Hinweis: Normalerweise sind Tiere vom Umtausch ausgeschlossen. Vereinbaren Sie deshalb lieber schriftlich ein Umtauschrecht, bis Sie einwandfrei geklärt haben, welches Geschlecht die Ratten haben.

Alter beim Kauf

Junge Ratten sollten mindestens vier Wochen alt sein, bevor man sie von der Mutter fortnimmt. Jüngere Tiere haben zu wenig Nestwärme und Muttermilch mitbekommen, was zu seelischen Schäden und gesundheitlichen Störungen führen kann. Rattenmütter sind sehr besorgt um ihre Jungen und betreuen sie liebevoll (→ Rattenweibchen sind gute Mütter, Seite 42). Diese Fürsorge sollte man den Kleinen wenigstens vier Wochen lang gönnen. Erwachsene und halberwachsene Ratten kann man in jedem Lebensalter aufnehmen.

Welche Farbe soll die Ratte haben?

Ob Sie sich für eine weiße oder eine schwarze, eine wildfarbene (agouti) oder gescheckte Ratte entscheiden, ist ganz Ihrem persönlichen Geschmack überlassen. Unterschiede im Verhal-

ten, die von der Farbe abhängen, sind kaum bekannt. Wildfarbene Ratten sind am lebhaftesten, weißgescheckte und Albinos neigen durch zuchtbedingte Stoffwechselveränderungen zu Fettansatz und sollten kalorienarm ernährt wer-

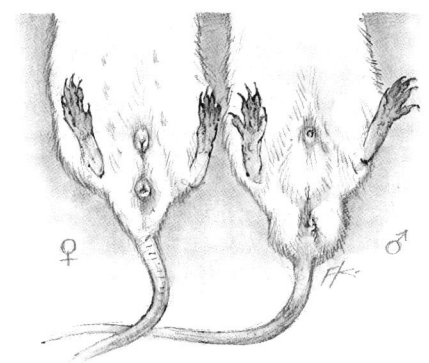

Geschlechtsbestimmung. Beim Weibchen (links) liegen Geschlechtsöffnung und After dicht hintereinander. Das ausgewachsene Männchen (rechts) hat deutlich sichtbare Hoden am Schwanzansatz. Dennoch ist die Geschlechtsunterscheidung für einen Laien nicht ganz einfach.

den. Wenn Sie zwei Ratten als Heimtiere halten wollen, was unbedingt zu empfehlen ist, sollten die beiden auf jeden Fall verschiedene Fellfarben aufweisen. Gleichfarbige Ratten sind auch vom Besitzer äußerlich kaum zu unterscheiden, allenfalls am Verhalten. Im Krankheitsfall kann es besonders wichtig sein, daß man die beiden Tiere zuverlässig auseinander halten kann. Ein krankes Tier muß sofort zum Tierarzt gebracht werden (→ Seite 35), damit es Hilfe erhält.

Ganz allgemein ist es für den Besitzer und besonders auch für Kinder einfach anheimelnder und schöner, wenn man genau weiß, wer Pepsi ist und wer Cola, und was jeder von ihnen gerade treibt.

Was Ratten alles brauchen

Wenn Sie Ihre Ratte nach Hause bringen, sollte schon alles vorbereitet sein, damit das Tier sich gleich heimisch fühlen kann. Also kaufen Sie am besten zunächst das Zubehör und dann erst die Ratte. Diese Reihenfolge empfiehlt sich besonders für den Käfig, das Rattenhaus.

Der Rattenkäfig

Spezielle Rattenkäfige gibt es noch nicht zu kaufen. Am besten bewährt haben sich große Hamster- oder Vogelkäfige. Sie dürfen aber auf keinen Fall aus Holz sein, sonst nagt die Ratte sich in Windeseile einen eigenen Ausgang – und Sie dürfen sie suchen. Leider sind die empfohlenen Käfige meist zu hell und luftig für die Haltung von Ratten. Eine Ratte will sich verkriechen können und liebt vor allem zum Schlafen die Dunkelheit. Deshalb müssen Sie den Käfig für die Ratten umgestalten. Auch die handelsüblichen Käfigtürchen kann die geschickte Ratte problemlos selber öffnen. Am sichersten geht man mit einem kleinen Vorhängeschloß, denn die Ratte ist ein wahrer Ausbrecherkönig. Den Schlüssel sollten Sie aber immer grundsätzlich stecken lassen, damit er nicht eines Tages verschwunden ist.

Käfiggröße: Eine Ratte braucht einen Käfig von mindestens 55 cm Länge × 30 cm Breite × 25 cm Höhe. Für zwei Tiere sollte er mindestens 87 cm lang × 47 cm breit × 72 cm hoch sein. Messen Sie die Käfige, die Ihnen angeboten werden, nach.

Umgestaltung des Käfigs von außen: Ratten wollen sich in ihrem »Bau« geschützt und sicher fühlen. Deshalb müssen die viel zu lichtdurchlässigen Hamster- und Vogelkäfige an den Seiten und auf dem Dach verkleidet werden. Dazu eignen sich am besten beschichtete Spanplatten (etwa 1,5 cm dick), denn daran nagen Ratten erfahrungsgemäß kaum. Nur die Vorderseite des Käfigs sollte man etwa zur Hälfte unverkleidet lassen. Dort befindet sich auch der Eingang (→ Zeichnung, Seite 17). Am besten vernageln Sie die Spanplattenkonstruktion an den Nahtseiten. Es entsteht eine Art »Haube«, die Sie beliebig über den Käfig stülpen und wieder entfernen können. Auf diese Weise ist der Käfig auch leicht zu reinigen (→ Seite 26). Im Zoofachhandel gibt es spezielle Vogelkäfige für Beos (Größe 74 × 76 × 75 cm). Diese Käfige sind bereits an den Seitenwänden und an der Rückwand mit Spanplatten verkleidet. Um eine ideale Rattenbehausung zu schaffen, müßten Sie bei solch einem Käfig also nur noch das Dach und einen Teil der Vorderfront mit Spanplatten abdecken.

Umgestaltung des Käfigs von innen: Optimal ist ein Käfig, der in mehrere Wohnbereiche unterteilt ist (→ Zeichnung, Seite 17). In der Natur legen die Wanderratten unterirdische Bauten an. Im Bau gibt es viele Gänge und Räume in unterschiedlichen Höhenlagen. Die »Zimmer« werden zu verschiedenen Zwecken wie zum Beispiel als Vorratskammer, Schlaf-, Spiel- und Wohnraum, Wochenstube und Toilette genutzt (→ Seite 46). Im Käfig sollten Sie Ihren Ratten wenigstens einen geräumigen Wohn- und Spielraum, ein Schlafzimmer mit Schlafhäuschen (→ Seite 18) und eine »Toilettenecke« einrichten. Vorratskammer und Wochenstube sind nicht unbedingt nötig. Ihre Ratten bekommen ja täglich Futter von Ihnen, so daß sie keinen

Einkaufszettel für die Ausstattung

Käfig (Hamster- oder Vogelkäfig);

Schlafhäuschen aus Keramik;

Einstreu;

Zwei Futterschalen aus Keramik;

Nippeltränke;

Vorhängeschloß zum Verschließen des Käfigs;

Gewohntes Futter (kleiner Vorrat);

Nagematerial.

Was Ratten alles brauchen

Vorrat anzulegen brauchen, und Nachwuchs ist in der Regel unerwünscht (→ Seite 41). Am besten unterteilen Sie den Käfig durch zwei Etagen. Verwenden Sie dafür ebenfalls beschichtete Spanplatten und verbinden Sie sie mit fest montierten Leitern oder Schrägen aus Metall und Röhren aus Keramik (→ Seite 19). Sägen Sie zusätzlich ein etwa 5-Mark-Stück großes Loch in jede Etage. Auch diese Möglichkeit nutzen die Ratten gern, um von einem Stockwerk ins andere zu gelangen. Der ganze Käfig sollte innen so verwinkelt wie möglich sein. Das erreichen Sie, indem Sie Zwischenwände, ebenfalls aus Spanplatten, in die jeweils eine Türöffnung (→ Zeichnung Seite 17) gesägt ist, einziehen. Nur der Wohn- und Spielraum sollte geräumig bleiben.

Hinweis: Leider sind domestizierte Ratten nicht mehr so reinlich wie ihre freilebenden Vorfahren. Deshalb benutzen sie meist nicht allein die Toilettenecke, um Kot und Urin abzusetzen, sondern den gesamten Käfig. Immerhin können Sie den Versuch machen, die Tiere von Anfang an an einen bestimmten Platz für kleine und große Bedürfnisse zu gewöhnen. Setzen Sie die Ratte sofort in die Toilettenecke, wenn sie Anstalten macht, sich zu entleeren. Das erkennen Sie daran, daß die Ratte sich hinhockt und den Schwanz hochnimmt. Das Hinterteil berührt nicht den Boden. Hat sie ihr »Geschäft« brav erledigt, loben und streicheln Sie die Ratte.

Aber seien Sie bitte nicht enttäuscht, wenn diese Erziehungsmaßnahme nicht klappt.

Aquarium und Terrarium

Ein Aquarium oder ein Terrarium sind als Unterbringung für Ratten geeignet, wenn sie folgende Voraussetzungen erfüllen.

Die Grundfläche des Aquariums beziehungsweise des Terrariums sollte für ein Einzeltier 55 × 30 cm betragen. Zwei Ratten brauchen mehr Platz. Hier ist eine Fläche von 90 × 50 cm angemessen. Die Höhe sollte 30 cm nicht unterschreiten.

Grundsätzlich gilt: Je größer der Behälter ist, desto wohler fühlen sich die Ratten.

Umbau: Verkleiden Sie das Aquarium/Terrarium von außen rundherum mit beschichteten Spanplatten. Die Abdeckung besteht aus festem Fliegendraht, der auf einen Holzrahmen aufgezogen werden sollte. Auch in einem Aquarium/Terrarium sollten Sie zumindest ein Stockwerk aus unbeschichteten Spanplatten einziehen. Orientieren Sie sich dabei bitte an der Zeichnung auf Seite 17.

Die glatten Innenwände bieten den Ratten leider keinerlei Klettermöglichkeiten. Deshalb sind für die Innenausstattung Leitern, Wippen und Durchgänge (→ Spielen großgeschrieben, Seite 19) besonders wichtig. Das Schlafhäuschen (→ Seite 18) wird auf den Boden des Aquariums/Terrariums gestellt, denn hier ist es am dunkelsten.

Putzen. Ratten sind sehr reinliche Tiere. Sie putzen sich bis zu sechsmal am Tag »von Kopf bis Fuß«.

Was Ratten alles brauchen

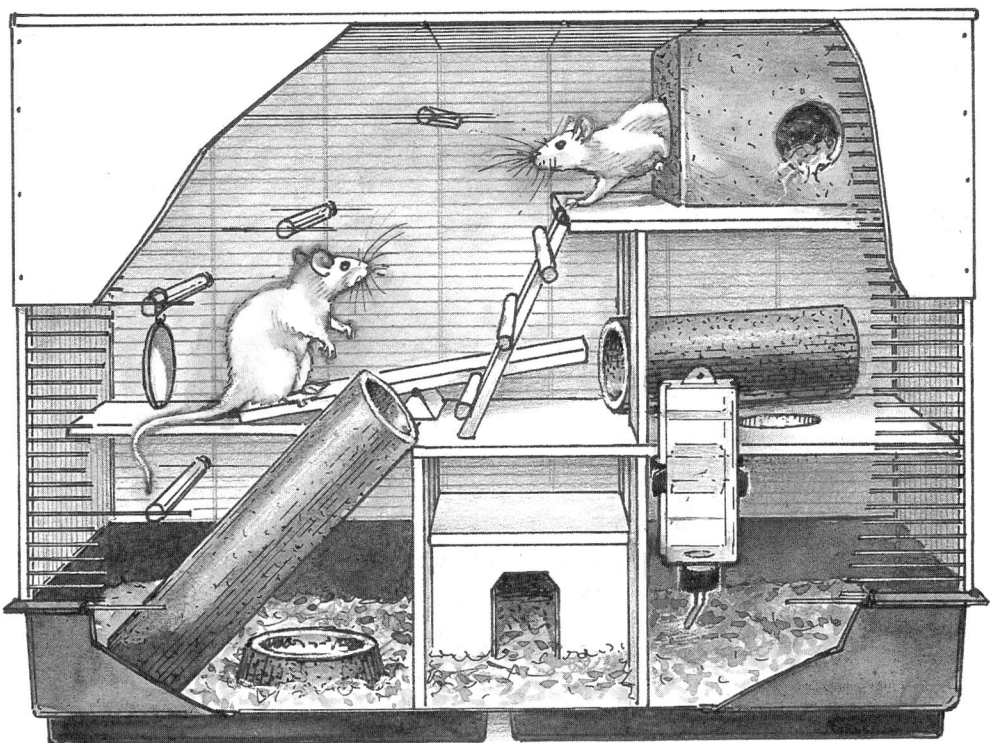

Gut ausgestatteter Rattenkäfig. Ratten unterteilen ihren Lebensbereich gern, deshalb sind die verschiedenen Ebenen im Käfig wichtig. Für Abwechslung sorgen unterschiedliche Klettermöglichkeiten wie Leitern, Schrägen oder Röhren.

Wohin mit dem Rattenkäfig?

Der Käfig muß einen festen Platz in der Wohnung haben. Er sollte auf keinen Fall ständig hin und her gerückt werden. Der beste Platz ist eine ruhige, vor Sonneneinfall, Kälte und Zugluft geschützte Zimmerecke.

Zugluft entsteht oft in Fenster-, Tür- oder Heizungsnähe. Isolieren Sie Fenster- und Türrahmen oder stellen Sie zwischen den Käfig und den Luftzug ein Stück festen Karton. Zugluft ist ausgesprochen schädlich für Ratten; sie werden krank davon.

Zu niedrige Temperaturen bekommen den Ratten schlecht. In dem Raum, in dem ihre Behausung steht, sollte die Temperatur nie unter 7 °C sinken. Andernfalls müßte der Käfig zusätzlich isoliert werden. Das macht nicht nur viel Arbeit, sondern kann sich auch bei warmen Sommertemperaturen ungünstig auf die Tiere auswirken, weil ein Hitzestau im Käfig entstehen kann.

Was Ratten alles brauchen

Wichtiges Zubehör

Im Käfig müssen zwei Futterschalen, eine Nippeltränke, ein Schlafhäuschen und Nagematerial vorhanden sein.

Die Futterschalen sollten aus Keramik oder Porzellan bestehen. Zwei Futterschalen sind ratsam, damit man die eine reinigen kann, während die andere im Einsatz ist. Stellen Sie die Futterschale in den geräumigen Wohnraum des Käfigs.

Nippeltränken oder Tränkflaschen aus Plexiglas (im Zoofachhandel erhältlich) haben den Vorteil, daß das Trinkwasser sauber bleibt. In offenen Gefäßen wird das Trinkwasser von den Ratten schnell verschmutzt. Befestigen Sie die Nippeltränke so am Käfig, daß die Ratte leicht das Saugrohr erreichen kann (→ Zeichnung, Seite 19). In Aquarien oder Terrarien installieren Sie die Nippeltränke mit Hilfe von Saugnäpfen an einer Seitenwand.

Das Schlafhäuschen sollte aus Keramik bestehen. Holz- und Plastikhäuschen würde die Ratte durch ständiges Nagen schnell ruinieren. Außerdem besteht bei Plastik die Gefahr, daß es splittert. Wenn die Ratte diese Splitter frißt, kann sie sich schwere innere Verletzungen zuziehen. Im Zoofachhandel gibt es Schlafhäuschen für Meerschweinchen. Sie eignen sich am besten für Ratten. Hierin finden sogar zwei Ratten Platz zum Schlafen. Hamsterhäuschen dagegen sind selbst für eine einzelne Ratte zu klein. Das Schlafhäuschen muß innen mit trockenem Heu, Hamsterwatte (aus dem Zoofachgeschäft) oder Stroh ausgepolstert werden (→ Die richtige Einstreu, Seite 18).

Nagematerial ist für Ratten besonders wichtig, denn sie müssen ihre ständig nachwachsenden Vorderzähne abschleifen. Viele Ratten lieben zu diesem Zweck steinhartes, an der Luft getrocknetes Brot, andere ziehen erkaltetes Toastbrot vor. Auch harte Semmeln werden angenommen. Besonders gern schleift die Ratte ihre Zähne an Holzstücken ab. Wenn Sie sich für einen großen Vogelkäfig als Rattenhaus entschieden haben, lassen Sie die Holzsitzstangen ruhig darin. Die Ratten benagen sie sehr gern. Erneuern Sie die Stangen, wenn die Ratten sie durchgenagt haben. Man kann auch im Wald oder in Parks Äste von Laubbäumen für die Ratten sammeln, aber bitte nicht an Straßen oder mitten in der Stadt. Dort ist die Belastung mit Abgasen zu stark. Auch Nüsse, in der Schale, und Hundekuchen sind zum Abschleifen der Zähne zu empfehlen. Letztlich kommt es darauf an, was das einzelne Tier bevorzugt.

Vor dem Putzen. Bevor die Ratte mit der Fellpflege beginnt, nimmt sie oft diese Haltung ein. Sie stellt sich auf die Hinterfüße und macht dabei einen »Buckel«.

Die richtige Einstreu

Papier: Eine dicke Schicht Zeitungs-, Pack- oder Hochglanzpapier gehört unter jede Einstreu auf den Käfigboden. Da die Druckerschwärze heute bleifrei ist, besteht keine Vergiftungsgefahr mehr für die Tiere, wenn Sie einiges von dem Zeitungspapier verspeisen. Manche Rattenhalter verwenden ausschließlich Zeitungspapier als Unterlage. Dann müssen Sie

Was Ratten alles brauchen

den Ratten zusätzlich leicht zusammengeknülltes Papier zur Verfügung stellen. Die Nager reißen das Papier in kleine Fetzen, wodurch eine zweite Papierschicht auf dem Käfigboden entsteht. Oft polstern sie auch zusätzlich ihr Schlafhäuschen damit aus. Diese Verhaltensweise entspricht dem angeborenen Nestbautrieb der Tiere. Bei Zeitungspapier kann sich allerdings ein kleines Problem ergeben. Es kann passieren, daß die vom Urin aufgeweichte Druckerschwärze im Zeitungspapier zu Flecken auf dem Fell der Ratte führt. Das ist zwar harmlos, sieht aber besonders bei weißen oder weißgescheckten Ratten nicht hübsch aus. Wer das vermeiden möchte, verwendet einfach Pack- oder Hochglanzpapier.

Hamsterstreu: Für viele Ratten hat sich Hamsterstreu (aus dem Zoofachgeschäft) am besten als Einstreu bewährt. Geben Sie auf die Papierlage, die den Käfigboden bedeckt, eine etwa 3 cm hohe Schicht Hamsterstreu.

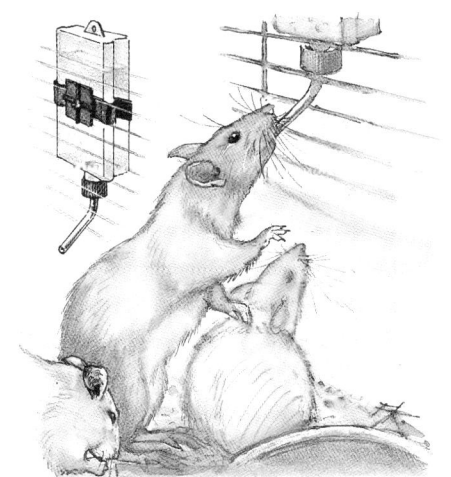

Trinken. Die handelsüblichen Tränkflaschen lassen sich gut am Käfiggitter befestigen und haben den Vorteil, daß das Trinkwasser sauber bleibt.

Hamsterwolle: Um das Schlafhäuschen weich und warm auszupolstern, empfehle ich Ihnen Hamsterwolle (aus dem Zoofachgeschäft).

Heu oder Stroh: Trockenes Heu oder Stroh ist bei Ratten als Einstreu und Polsterung des Schlafhäuschens sehr beliebt. Leider stellt sich auch hierbei die Frage, inwieweit das Heu oder das Stroh chemisch behandelt wurde. Nur garantiert ungespritztes Material darf Verwendung finden, denn Ratten reagieren oft allergisch auf Chemikalien. Das kann allerdings auch bei ungespritztem Heu oder Stroh passieren. Sie erkennen eine Allergie (→ Seite 36) am besten daran, daß die Tiere sich häufig kratzen. Im Fell bilden sich blutige und/oder verkrustete Stellen. Sollten Ihre Ratten auf Heu oder Stroh allergisch reagieren, verwenden Sie eben Hamsterstreu.

Spielen großgeschrieben

Ratten sind sehr lebhaft, intelligent und wißbegierig. In der freien Natur verbringen sie 80 Prozent ihrer aktiven Phasen mit der Erkundung und Beobachtung ihrer Umgebung. Bieten Sie also Ihren Ratten viele verschiedene Spiel- und Beschäftigungsmöglichkeiten an.

Kleine Leitern und Schrägen aus Metall (im Zoofachhandel erhältlich) eignen sich optimal zum Klettern.

Röhren aus Keramik (aus dem Zoofachhandel) oder Plexiglas (im Baumarkt erhältlich) mit einem Durchmesser von etwa 6 cm nutzen die Ratten sehr gern, um hindurchzukriechen.

Papprollen benutzen die Ratten meiner Freundin begeistert zum Spielen. Der gesamte Freundeskreis sammelt leere Haushalts- oder Toilettenpapierrollen für ihre Ratten.

Papier eignet sich wunderbar, um Ratten eine ganze Weile zu beschäftigen. Zusammengeknüllte Papierbällchen zerreißt die Ratte mit den Zähnen in kleine Fetzen und genießt dabei das Knistern. Manche Ratten polstern ihr Schlafhäuschen mit den Papierfetzen aus, andere lassen sie einfach liegen.

Wippen sind Spielgeräte aus Holz, die Sie im Zoofachhandel kaufen können. Die Ratten balancieren sehr geschickt über diese »unsichere Angelegenheit«.

Klettertaue werden am Käfigdach befestigt. Lassen Sie das Seil bis auf den Käfigboden hinabhängen. Sie werden sehen, wie gern die Ratten diese Klettermöglichkeit nützen. Beobachten Sie einmal, wie geschickt die Ratten dabei ihren Schwanz zum Festhalten einsetzen.

Hinweis: Nicht zum Spielen geeignet sind alle zu kleinen und spitzen Gegenstände, an denen die Ratte sich verletzen oder die sie verschlukken kann.

Ein Spiellabyrinth und ein Sandkasten

Das Spiellabyrinth: Wissen Sie, wie ein Labyrinth aussieht? Wenn Sie Lust haben, bauen Sie eines für Ihre Ratten in einem festen Kasten mit Hilfe von beschichteten Spanplatten (→ Zeichnung, rechts). Die Wände müssen natürlich höher sein als der Kopf der Ratte. Aber machen Sie es den Tieren nicht zu schwer, es soll ja ein Spiel bleiben. Durchgänge zwischen den verschiedenen Korridoren erleichtern die Orientierung und helfen, den Weg zu einem der Ausgänge zu verkürzen. Das Spiel geht so: Sie setzen die Ratte an einen der Eingänge. An die anderen Eingänge legen Sie jeweils eine kleine Leckerei, zum Beispiel ein Stückchen Käse. Wenn die Ratte einen der Ausgänge erreicht und die Belohnung verzehrt hat, loben Sie sie und nehmen Sie sie sanft aus dem Labyrinth heraus. Wenn das Tier einen ängstlichen, irritierten Eindruck macht oder sich lustlos irgendwo hinhockt, so nehmen Sie es gleichfalls heraus. In diesen Fällen lassen Sie ein paar Tage verstreichen, bevor Sie zum zweiten Mal versuchen, die Ratte für dieses Spiel zu interessieren. Nach einem dritten gescheiterten Versuch sollten Sie es aufgeben. Macht die Sache der Ratte aber offensichtlich Spaß, so gönnen

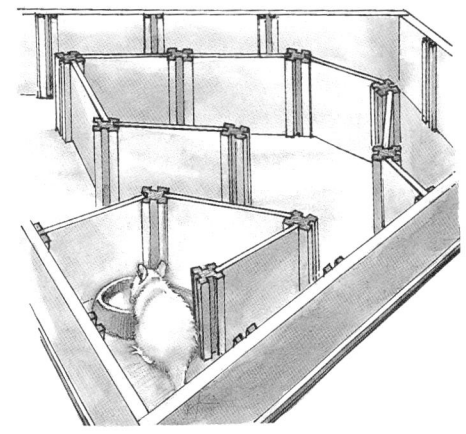

Spiellabyrinth. Solch ein Labyrinth – aus beschichteten Spanplatten gefertigt – verschafft Ihrer Ratte eine Abwechslung vom Käfigdasein.

Sie ihr das Vergnügen so oft wie möglich. Lassen Sie die Ratten aber nie länger als ein paar Minuten unbeaufsichtigt im Spiellabyrinth, damit sie nicht womöglich doch einmal so etwas wie Platzangst bekommen.

Der Sandkasten: Ein idealer Spielplatz für Ratten ist ein Sandkasten. Vielleicht besitzen Sie eine große Keksdose (Grundfläche etwa 45 × 25 cm, Höhe etwa 25 cm) oder ein ausgedientes Aquarium. Füllen Sie den Behälter etwa 15 bis 20 cm hoch mit sauberer Gartenerde oder Sand. So schaffen Sie den Nagern eine optimale Möglichkeit zum Buddeln. In einem großen Sandkasten können mehrere Ratten gleichzeitig spielen.

Haltung und Pflege

Es ist im Grunde ganz leicht, Ratten richtig zu halten. Man muß die Tiere nur gern haben und bereit sein, auf ihre Anwesenheit ein wenig Rücksicht zu nehmen. Aber das versteht sich bei Rattenfreunden eigentlich von selbst. Wichtig ist, daß man sich Zeit für die Ratten nimmt, häufig mit ihnen schmust und ihnen viel freien Auslauf in der Wohnung oder im Haus bietet. Wenn die Ratten spüren, daß der Besitzer sie ins Herz geschlossen hat, passen sie sich dessen Tagesrhythmus und Gewohnheiten unwahrscheinlich gut an. Probleme treten eigentlich nur dann auf, wenn die Tiere sich vernachlässigt fühlen oder launisch behandelt werden.

Heimtransport und Eingewöhnung

Erster Schritt: Bringen Sie Ihre Ratten in einem festen Karton oder einer Transportschachtel des Zoofachhändlers nach Hause. Dort sollte bereits der fix und fertig eingerichtete Käfig bereit stehen. Setzen Sie die Ratten vorsichtig in den Käfig hinein und schließen Sie die Tür. Die Futterschale und die Nippeltränke sollten vorher gefüllt werden – denn Liebe geht bekanntlich auch durch den Magen. Am besten bieten Sie den Ratten zunächst ihr gewohntes Futter an. Wenn die Ratten in der ersten Stunde gleich futtern, ist es ein gutes Zeichen. Aber wenn die Aufregung durch die fremde Umgebung ihnen vorübergehend den Appetit nimmt, ist es auch nicht tragisch. Nach der ersten Nacht in ihrem neuen Käfig sollten sie allerdings das Futter verzehrt haben. Wenn nicht, bieten Sie ihnen etwas anderes an (→ Die richtige Ernährung, Seite 29).

Zweiter Schritt: Am nächsten Tag öffnen Sie das Türchen und warten ab. Überlassen Sie es den Ratten, ob sie herauskommen wollen, was in der Regel der Fall ist. Auch wenn Sie die Ratten später in der ganzen Wohnung herumlaufen lassen wollen, für den ersten Auslauf reicht das Zimmer, in dem der Käfig steht, vollkommen. Zu viele neue Eindrücke können die

Neulinge am ersten Tag noch nicht verkraften. Setzen Sie sich ruhig hin und locken Sie die Tiere mit leisen, freundlichen Rufen. Bei dieser Gelegenheit können Sie schon anfangen, sie an ihren Namen zu gewöhnen.

Dritter Schritt: Locken Sie die Ratten mit einem Leckerbissen, beispielsweise einer geschälten Nuß zu sich hin. Bieten Sie die Nuß auf der flachen Hand an. Werfen Sie sie nicht auf den Boden, dann erschrecken die Tiere und verkriechen sich womöglich in einem schwer zugänglichen Winkel. Passen Sie aber auf, daß Sie nicht in die Hand gebissen werden, solange die Ratten noch nicht mit Ihnen vertraut sind. Besonders gefährdet sind die Fingerspitzen. Im »Ernstfall« sofort Jod auftupfen.

Kommt ein Tier zu Ihnen, so heben Sie es vorsichtig auf den Schoß – immer unter den Bauch fassen (→ Wie man eine Ratte hochnimmt, Seite 22). Streicheln Sie das Köpfchen und den Rücken der Ratte und reden Sie ihr beruhigend zu. Lassen Sie das Tier gewähren, wenn es auf

Füttern aus der Hand. Locken Sie Ihre Ratte öfters einmal mit Leckerbissen, wie beispielsweise einer Nuß oder einem Stückchen Käse, zu sich. Das fördert die Freundschaft ungemein.

die Schulter oder in den Ärmel kriecht. Das ist ein Zeichen von Vertrauen, über das man sich nur freuen kann. Andere Familienmitglieder sollten sich bei dem ersten Auslauf ebenso ruhig und zurückhaltend geben. Geschäftiges Hin- und Herlaufen, Lärm, Türenschlagen und laute Musik müssen Sie in den ersten Tagen unbedingt vermeiden, wenn die Tiere Auslauf haben.

Freundschaft schließen mit Ratten
Die Ratte ist dankbar für jede Zuwendung. Sie liebt leise, zärtliche Worte, liebevolles Streicheln, Bewunderung. Sie blüht richtig auf, wenn sie merkt, daß man sie mag. Und sie zeigt Ihnen ihre Dankbarkeit, indem sie auf Ihnen herumklettert, auf Ihrer Schulter oder auf Ihrem Schoß schläft, sich herumtragen läßt, auf Zuruf herbeikommt und ihr Köpfchen in Ihrer Hand verbirgt.

Eine Ratte, die erst einmal Vertrauen zu Ihnen gefaßt hat, ist oft auch bereit, mit Besuchern Freundschaft zu schließen. Bitte nicht eifersüchtig werden: Ratten sind sehr intelligent und können zwischen ihrem Besitzer und seinen Freunden genau unterscheiden. Aber Ratten sind neugierig. Sie möchten den Gast möglichst genau kennenlernen und feststellen, wie seine Hand riecht und wie man auf seinem Schoß liegt.

Leckerbissen: Natürlich sind auch kleine Lekkerbissen nicht zu verachten, wenn man die Zuneigung einer Ratte gewinnen will. Es ist sogar ein gutes Mittel, um den Geschmack der einzelnen Tiere kennenzulernen. Dazu stellt man eine kleine Auswahl von Obst und Gemüsestückchen, Käsehäppchen und Nüssen bereit (→ Die richtige Ernährung, Seite 29), bevor der Auslauf beginnt. Der Auslauf endet in der Regel auf dem Schoß des Besitzers, und dann kann man in aller Ruhe ausprobieren, was die Ratte gern mag. Die Ratte freut sich natürlich über die Aufmerksamkeiten und ist ganz begeistert von dem Menschen, der es so gut mit ihr meint.

Hinweis: Wichtig ist es auch, die Ratte oft bei ihrem Namen zu nennen. Die Tiere gewöhnen sich schnell daran. Viele Ratten, die tagsüber frei in der Wohnung herumlaufen dürfen, springen ihrem Besitzer entgegen, sobald er heimkommt und sie beim Namen ruft.

Kraulen. Ratten schmusen gern. Sie genießen das vorsichtige Kraulen mit dem Zeigefinger hinter den Ohren oder an der Brust.

Wie man eine Ratte hochnimmt
Richtig ist es, mit der Hand unter ihren Bauch zu greifen (→ Zeichnung, Seite 23) und sie in der Körpermitte hochzuheben. In dieser Lage ist das Tier ziemlich hilflos. Es bereitet ihm Unbehagen, wenn es so gegriffen wird, deshalb ist es gut, wenn man es gleichzeitig mit der anderen Hand sanft streichelt.

Falsch ist es, eine Ratte am Kopf, an den Pfoten oder gar am Schwanz zu packen und anzuheben. Das muß man vor allem Kindern nachdrücklich klarmachen. So eine kleine Pfote ist leicht ausgerenkt, der Schwanz kann schnell brechen, und der Kopf mit Augen, Ohren und

Näschen ist gleichfalls außerordentlich empfindlich.

Hinweis: Es kann passieren, daß Sie die Ratte aus irgendeinem Grund schnell greifen müssen. Versuchen Sie dann, das Tier am Nacken oder am Hinterteil zu fassen zu bekommen.

Auslauf in der Wohnung

Für den Auslauf der dämmerungsaktiven Ratten eignen sich am besten die frühen Morgen- und Abendstunden. Gewähren Sie den Tieren mindestens eine Stunde täglich »Freiheit«. Sie können die Ratten, wenn sie sich gut eingewöhnt haben und alles abgesichert ist (→ Gefahrenkatalog, Seite 24) auch den ganzen Tag frei herumlaufen lassen. Dabei ergibt sich nur ein Problem. Die Ratten werden wahrscheinlich Kot und Urin überall im Zimmer beziehungsweise der Wohnung absetzen. Die Kotkügelchen können Sie leicht beseitigen. Doch der Urin – besonders wenn er in den Teppichboden eingezogen ist – läßt sich nur mit heißem Wasser und etwas Seife entfernen. Nachts sollten Sie die Ratten unbedingt in den Käfig sperren. Die Käfigtür muß während des Auslaufs immer offen bleiben, damit die Ratten sich zurückziehen können, wenn sie genug von der »Freiheit« haben.

Die Beaufsichtigung während des Auslaufs, besonders in den ersten drei bis vier Wochen, ist aus zwei Gründen erforderlich. Erstens kann sich das Tier verletzen und durch Unachtsamkeit von Menschen verletzt werden (→ Gefahrenkatalog, Seite 24). Zweitens können die Ratten Schäden an Möbeln, Polstern oder Kissen verursachen. Ratten müssen ihre Nagezähne abschleifen, das ist richtig, aber nicht unbedingt an Tisch- oder Sofabeinen. Wenn sie es versuchen, nimmt man sie ruhig fort und gibt ihnen etwas, woran sie nagen dürfen. Das kann beispielsweise hartes Brot oder Holz sein (→ Nagematerial, Seite 18). Polstermöbel und Kissen reizen die Ratten zum Nestbau. Wenn sie anfangen, die Polstergarnitur aufzuarbeiten, setzt man sie ruhig auf den Boden und gibt ihnen zusammengeknülltes Zeitungspapier. Auch mit einem alten Kleidungsstück oder Handtuch sind die Ratten zufrieden. Reine Baumwollstoffe sind dabei allen anderen vorzuziehen, weil es den Ratten nichts schadet, wenn sie Teile davon verzehren. Die kleinen Nager springen nicht gern, sondern klettern lieber. Deshalb ist die Gefahr, daß sie auf einen freistehenden Tisch oder Fensterbank springen relativ gering. Natürlich können sie auf Umwegen, über Stühle, auf den Tisch gelangen. Wenn man das vermeiden möchte, rückt man die Stühle vor dem Auslauf beiseite. Türen, auch Schranktüren und Schubladen sollten geschlossen bleiben, um Unfälle zu vermeiden. Die anwesenden Menschen bleiben am besten sitzen und rücken sich das Telefon so zurecht, daß sie nicht plötzlich aufspringen müssen, wenn es läutet. Kinder sollten sich am besten

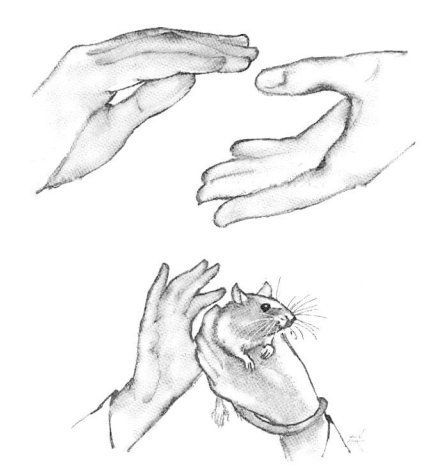

Hochnehmen. Fassen Sie die Ratte mit der Hand unter dem Bauch an, und heben Sie sie dann hoch.

Haltung und Pflege

Gefahrenkatalog

Gefahrenquelle	Auswirkungen	Vermeiden der Gefahr
Chemikalien (Wasch- und Putzmittel)	Vergiftungsgefahr.	Käfig und Zubehör nur mit heißem Wasser auswaschen.
Elektrokabel	Stromschlag durch Annagen.	Leitungen unter Putz verlegen; bei freiliegenden Kabeln Stecker ziehen.
Glasscherben	Verletzungsgefahr.	Wegräumen.
Gummiringe	Können verschluckt werden; sind unverdaulich.	Nicht zum Spielen geben.
Lametta	Kann verschluckt werden; ist unverdaulich.	Auf Lametta verzichten.
Menschenfuß	Zertreten, auf den Schwanz treten.	Größte Vorsicht, Schuhe ausziehen.
Nadeln, kleine Nägel	Verletzungsgefahr.	Nicht herumliegen lassen.
Schranktüren	Einklemmen, Zerquetschen.	Schranktüren bei Auslauf geschlossen halten.
Schränke, Schubladen	Ersticken, wenn die Ratte unbemerkt eingeschlossen wird.	Ratten nach Auslauf wieder in den Käfig setzen.
Sitzmöbel	Zerquetschen oder Verletzen durch unvorsichtiges Hinsetzen.	Vorsicht beim Auslauf.
Sonne	Hitzestau droht.	Käfig nicht in die pralle Sonne stellen.
Strom, Steckdosen	Stromschlaggefahr.	Blindstecker verwenden.
Türspalt	Einklemmen.	Türen bei Auslauf geschlossen halten.
Zigaretten/Tabak	Vergiftungsgefahr durch Tabak.	Nicht herumliegen lassen.
Zimmerpflanzen	Vergiftungsgefahr.	Alle Zimmerpflanzen für Ratten unerreichbar aufstellen.
Zugluft	Erkältungsgefahr.	Käfig nicht in Zugluft stellen.

die Schuhe ausziehen und dazu ermahnt werden, beim Herumlaufen sehr vorsichtig zu sein und auf ihre Füße zu achten.

Hinweis: Bitte nie mit den Tieren schimpfen oder gar Strafen verhängen, wenn sie während des Auslaufs irgendeinen Schaden anrichten. Das nützt überhaupt nichts. Die Ratten verstehen nicht, was plötzlich los ist. Sie haben, von ihrem Standpunkt aus, doch gar nichts Unrechtes getan. Ratten lassen sich nur mit viel Verständnis und Liebe erziehen.

Wie man Ratten »einfängt«

Möglicherweise müssen Sie einmal dringend die Wohnung verlassen, während die Ratten gerade Auslauf haben. Sie möchten aber, daß die Ratten während Ihrer Abwesenheit im Käfig sind. Wie bekommen Sie die Ratte am schnellsten in den Käfig zurück? Ganz einfach, indem Sie die Tiere mit Leckerbissen wie zum Beispiel einer geschälten Nuß anlocken, hochnehmen und in den Käfig setzen.

Haltung und Pflege

Zimmerpflanzen

Sorgen Sie dafür, daß Ihre Ratten während ihres Auslaufs nicht an Zimmerpflanzen nagen können. Die Gefahr einer schweren Vergiftung ist zu groß. Leider weiß man bis heute nicht genau, welche Zimmerpflanzen für Ratten giftig beziehungsweise gefährlich sind. Andererseits würde das zu erforschen einem Tierversuch gleichkommen. Deshalb sollten Sie vorsichtshalber alle Zimmerpflanzen für Ratten unerreichbar aufstellen.

Viele Ratten baden gern

Wanderratten, die in der freien Natur leben, sind ausgezeichnete Schwimmer. Auch viele domestizierte Ratten nehmen gern ein Bad, besonders im Sommer. Das gilt jedoch nicht für alle Ratten. Mit Sauberkeit hat diese Vorliebe nichts zu tun, denn Ratten putzen sich ebenso ausgiebig wie Katzen. Das Schwimmbad dient mehr der Abkühlung, der Bewegung und macht ganz einfach Spaß.

Im Sommer sollte man den Versuch machen, Ratten eine große Plastikschüssel voll mit lauwarmen Wasser in die Sonne zu stellen. Während des Bades sollten Sie anwesend sein. Da die Ratte an den glatten Plastikwänden der Schüssel nicht allein herausklettern kann, muß man ihr eine Hilfestellung bieten. Geeignet ist ein kleines Floß, das man aus Korken zusammenfädelt, oder auch eine kleine Leiter, die man ins Wasser hängt. Probieren Sie bitte aus, ob das Floß die Ratte wirklich trägt. Die Leiter muß außen so befestigt werden, beispielsweise an einem Griff (→ Zeichnung, Seite 23), daß die Ratte sie nicht ins Wasser ziehen kann. Auch das Floß sollte zum Beispiel mit festem Draht so am Schüsselrand befestigt werden, daß es nicht wegrutscht, wenn die Ratte es zu erklimmen versucht. Setzen Sie die Ratte nun vorsichtig in die Wanne. Wenn sie vergnügt herumpaddelt, lassen Sie ihr ein paar Minuten

lang das Vergnügen. Wenn eine Ratte ängstlich reagiert und verzweifelt versucht, dem kühlen Naß wieder zu entfliehen, so nehmen Sie sie sofort wieder heraus. Nach dem Bad trocknet die Ratte ihr Fell in der Sonne. Ist sie sehr zahm, können Sie Ihre Ratte unbesorgt im Freien baden lassen. Nach dem Bad wird sie Ihre Nähe suchen, und auf Ihnen herumklettern. Ratten, die noch scheu sind, laufen allerdings mit Sicherheit weg.

Baden. Ratten sind ausgezeichnete Schwimmer, obwohl nicht alle Ratten gern ein Bad nehmen. Wichtig ist, daß das Tier jederzeit seine »Badewanne« wie hier über eine sicher befestigte Holzleiter verlassen kann.

Im Winter und an kühlen Tagen darf das Bad nur in der geheizten Wohnung stattfinden. Nach dem Bad sollten Sie die Ratte vorsichtig mit einem weichen Handtuch abfrottieren und dann unter die Heizung setzen.
Hinweis: Stellen Sie nach drei bis vier Versuchen fest, daß Ihre Ratten wasserscheu sind, ersparen Sie ihnen das Baden.

Beliebt ist auch ein Sonnenbad

Ratten lieben Wärme und Sonnenschein. Lassen Sie die Tiere aus dem Käfig, wenn die Sonne ins Zimmer scheint, damit sie ein Sonnenbad nehmen können. Wichtig ist, daß die Ratte selber entscheiden kann, wie lange sie in der Sonne liegen will. Deshalb bitte nie den Käfig in die pralle Sonne stellen. Ein Hitzestau kann gefährliche Folgen für das kleine Tier haben. Andererseits können Ratten, die zu wenig Sonne bekommen, aus Mangel an Vitamin E (→ Seite 32), erkranken. Sie neigen auch stärker zu Erkältungen.

Sonntagsspaziergang mit Ratte?

Sie können Ihre Ratte durchaus, wenn Sie spazieren gehen, mitnehmen. Natürlich erst, wenn die Ratte sich an Sie gewöhnt hat und nach Übungsgängen in der Wohnung. Widmen Sie Ihrer Ratte viel Zeit, tragen Sie sie häufig in der Wohnung herum, können Sie in der Regel nach drei bis vier Wochen den ersten Ausgang wagen. Setzen Sie dabei die Ratte in den Ärmel oder in die Hosen-, Rock- oder Jackentasche. Manche jungen Leute tragen ihre Ratte sogar im dichten Gewühl auf der Schulter herum. Ratten haben nicht den Drang, sich in einer solchen Situation selbständig zu machen. Sie bleiben in der Regel ruhig dort, wo sie sind. Es ist allerdings ratsam, Spaziergänge mit der Ratte lieber in einer ruhigeren Gegend zu unternehmen, um das Tier nicht einer Schrecksituation auszusetzen. Solch ein negatives Erlebnis könnte die Ratte dazu veranlassen, zu flüchten. Das größte Problem bei derartigen Ausflügen ist die Reaktion anderer Menschen, für die die Ratten immer noch Ekeltiere sind und sonst nichts. Da muß der Rattenfreund die Nerven bewahren und sich unter Umständen einiges anhören. Man kann mit überlegenem Schweigen reagieren oder sich ein paar kesse Antworten einfallen lassen. Aber auf keinen Fall sollte man sich über Mitmenschen aufregen, die noch mit einem Fuß im Mittelalter stehen und bei Ratten sofort an die Pest denken.

Reinigung des Käfigs und des Zubehörs

Täglich: Futterschale und Nippeltränke mit heißem Wasser reinigen. Bitte überprüfen Sie von Anfang an, ob die Ratten auch das Schlafhäuschen mit Kot und Urin verunreinigen. Das ist individuell verschieden. Sollte es aber der Fall sein, so entfernen Sie wenigstens die Kotbällchen täglich.

Alle drei Tage: Einstreu völlig entfernen, Bodenschale und eventuell verschmutzte Gitterstäbe mit heißem Wasser abwaschen. Einstreu erneuern. Wenn Sie die Einstreu öfter austauschen, besteht keine Chance, daß die Ratten sich an einen festen Platz für Klozwecke gewöhnen.

Ein bis zwei Mal wöchentlich: Einstreumaterial aus dem Schlafhäuschen entfernen und das Häuschen mit heißem Wasser auswaschen. Sie dürfen nicht vergessen, es nach dem Trocknen wieder auszupolstern.

Nach Bedarf: Spielgeräte, Leitern, Röhren und Schrägen sowie Inneneinrichtungen bei Verschmutzung mit heißem Wasser abwaschen.

Hinweis: In fast allen Putzmitteln sind Chemikalien enthalten. Verwenden Sie zur Reinigung des Käfigs und des Zubehörs ausschließlich heißes Wasser. Auf diese Weise bewahren Sie die Ratten vor möglichen Vergiftungen und/oder Allergien (→ Seite 36). Ist der Käfig einmal besonders stark verschmutzt, können Sie zusätzlich etwas Kernseife oder Seifenflocken benutzen.

Aufmerksam sichert die hintere Ratte, ob Gefahr droht. Die andere läßt sich währenddessen den Käse schon schmecken. ▷

Die richtige Ernährung

Ratten sind wahre Künstler auf dem Gebiet des Überlebens und der Anpassung. Die Reisratte und die Bambusratte haben ihre Namen erhalten, weil sie sich fast ausschließlich von Reis und Bambus ernähren. Ist nur ein einseitiges Nahrungsangebot vorhanden, spezialisieren sich die Ratten darauf. Bei einem italienischen Pizzarestaurant in den USA führten die reichlichen Abfälle zu einem Anstieg der Ratten. Man stellte fest, daß die Ratten sogar Vorlieben für bestimmte Pizzasorten entwickelt hatten. Einige nahmen nur Pizza Margaritha zu sich, andere ausschließlich Pizza Funghi. Die Neigung zur Spezialisierung auf ganz bestimmte Nahrungsmittel ist bei Ratten hoch entwickelt. Doch das ist nicht immer gut für ihre Gesundheit. Deshalb sollte man ihnen von Anfang an viel Abwechslung in der Ernährung bieten.

Vegetarisch ist Trumpf

Ratten sind keine echten Allesfresser. Eine Ratte ernährt sich vorwiegend mit Körnerfutter. Sie deckt ihren Eiweißbedarf also durch pflanzliches Eiweiß. Auch Sojamehl, Fischtrokkenfutter und Hefezusätze dienen der Versorgung mit Eiweiß. Sehr hoch ist der Eiweißgehalt in Nüssen, die bei Ratten sehr beliebt sind. In Notzeiten können sich Ratten zwar von den abenteuerlichsten Dingen wie Seife, Leder, Papier, Textilien und Holz ernähren und verschmähen dann natürlich auch Insekten, Würmer und kleine Vögel nicht, aber wenn sie die Wahl haben, ziehen sie vegetarische Lebensmittel den anderen vor. Die zehn Prozent ihrer Nahrung tierischer Herkunft dienen lediglich als Zukost.

◁ Frisches Obst, wie hier eine Erdbeere, mögen alle Ratten gern. Auch die beiden halbwüchsigen Ratten können dem Leckerbissen nicht widerstehen. Geschickt benutzen sie ihren Schwanz beim Klettern zum Festhalten.

Grundnahrung

Müsli: Eine Münchner Tierärztin erzählte mir: »Im Müsli ist alles enthalten, was die Ratte braucht«. Man gibt es den Tieren selbstverständlich als Trockenfutter. Ungezuckerte Sorten sind am besten geeignet, denn die Ratte ist ein Schleckermäulchen und neigt zum Dickwerden. Allerdings soll das Müsli Zusätze wie Trockenobst und Nüsse enthalten.

Hamsterfutter: Züchter und Zoofachhändler geben den Ratten meistens Fertigfutter für Hamster. In der Regel bekommen die Ratten die fest gepreßten Futterwürstchen, sogenannte Pellets. Sie bestehen aus Weizen- und Malzkörnern, Erdnußbruch und Haferflocken. Verhaltensforscher haben herausgefunden, daß die Ratten davon häufig nur so viel aufnehmen, wie sie unbedingt zum Leben benötigen. Das heißt, Hamsterfutter schmeckt ihnen nicht besonders.

Körnerfuttermischung: Sie können die Futtermischung für Ihre Ratten auch selbst zusammenstellen. Verwenden Sie als Hauptbestandteil Getreidekörner (70%). Welche Sorte Ihre Ratten bevorzugen, müssen Sie ausprobieren. Haferflocken mögen Ratten besonders gern, sie dürfen deshalb in der Futtermischung nicht fehlen. Kernige Haferflockensorten sind besser geeignet als mehlige (Anteil: 20%). Die restlichen 10 % bestehen aus kleinen Stückchen verschiedener Nußarten und ein wenig Trockenobst. Das verbessert den Geschmack. Geben Sie über die Futtermischung etwa einen Teelöffel Sojamehl, so erhöhen Sie den Eiweißgehalt. Aufbessern können Sie die Körnermischung mit einer kleinen Beigabe von Bierhefestückchen. Bezogen auf die Gesamtfuttermenge sollte der Hefeanteil etwa 5 % betragen. Hefe enthält B-Vitamine und viel Eiweiß.

Fischflockenfutter: Anstelle von Körnerfutter oder Müsli kann man den Ratten auch ein- bis zweimal in der Woche Fischflockenfutter aus der Zoofachhandlung anbieten.

Die richtige Ernährung

Ernährungsplan

Grundnahrung: Müsli oder Körnermischung (auch Hamsterfutter); ersatzweise Fischflockenfutter, Sojamehl, gekochte Nudeln oder gekochter Reis. Immer kernige Haferflocken zusetzen.

Futtermenge: 22 g Grundnahrung täglich für mittelgroße Ratten (220 g). Größere Ratten brauchen entsprechend mehr Futter.

Beikost: Geben Sie täglich kleine Häppchen von Gemüse (roh): Mohrrüben, Maiskörner, junge grüne Erbsen, Zucchini, Kohlrabi, Fenchel; Gemüse (gekocht): Mohrrüben, Kartoffeln, Sellerie, grüne Bohnen, Spargel, Blumenkohl; Salat: Feldsalat, Endivien, Löwenzahn; Obst (roh): Bananen, Äpfel, Birnen, Erdbeeren, Aprikosen und Pfirsich; Obst (getrocknet): Alle Sorten, die im Handel angeboten werden.

Extras: Brotstückchen (dunkles Brot verwenden!), etwas gekochtes Eigelb (einmal in der Woche); Milch, frisch oder aus der Dose (zweimal pro Woche ein kleiner Teelöffel); Käsehäppchen, milde Sorten (als Belohnung); Bierhefe täglich (5% der Grundnahrung); Weizenkeime sooft wie möglich.

Zum Zähneabschleifen: Steinhartes, an der Luft getrocknetes Brot oder kaltes Toastbrot, auch Nüsse in der Schale.

Ungeeignet: Gewürzte Speisen jeder Art, Süßigkeiten, Kuchen, Weißbrot, Kaffee, Tee, Kakao, Alkohol.

Unnötig: Fleisch, Fisch, Wurst, Schinken, Speck.

Nudeln und Reis: Versuchen Sie es auch ruhig zwischendurch mal mit gekochten Nudeln oder Reis, ohne Gewürze, ohne Soße, aber verfeinert mit Bierhefe, gekochten Gemüsestückchen und Nüssen.
Hinweis: Auf keinen Fall sollte man Ratten ausschließlich mit Getreide füttern. Sie können aufgrund des hohen Gehaltes an Phytinsäure an Rachitis erkranken.

Etwas tierisches Eiweiß als Zukost

Um den geringen Bedarf an tierischem Eiweiß der Ratte zu decken, eignen sich folgende Lebensmittel:
Käse: Die meisten Ratten lieben Käse, genau wie ihre kleinen Verwandten, die Mäuse. Geben Sie ihnen aber nur milde Käsesorten in kleinen Mengen. Diese Käsehäppchen sind auch als Belohnung sehr beliebt.
Milch: Viele, aber nicht alle Ratten mögen Milch. Dabei spielt es keine Rolle, ob es sich um Frischmilch handelt oder Dosenmilch. Aber

auch hier gilt die Regel, weniger ist besser als mehr. Ab und zu ein Teelöffel Milch reicht vollkommen.

Fisch: Wenn Sie manchmal als Grundnahrungsmittel Fischflockenfutter verfüttern, erhält die Ratte auch auf diese Weise tierisches Eiweiß. Gekochtes Fischfilet, entgrätet und ungewürzt, kann man den Tieren gleichfalls ein- bis zweimal in der Woche anbieten. Eine Überfütterung mit Fisch führt aber wegen des darin enthaltenen Antivitamins zu Mangel an Vitamin B 1 (→ Seite 32), das für Ratten lebenswichtig ist.

Der Tastsinn der Ratte ist hoch entwickelt. Mit Hilfe ihrer sensiblen Tasthaare, die in alle Richtungen weisen und mit feinsten Nerven ausgestattet sind, kann die Ratte sich bestens orientieren.

Hackfleisch: Sie können Ihren Ratten einmal in der Woche kleine Bröckchen von ungewürztem Rinderhackfleisch vorsetzen. Vermengen Sie das Hackfleisch mit etwas Getreideschrot, bevor Sie es ihr anbieten. Am besten verwenden Sie Fleisch vom »Biometzger«.
Fleisch von Nutztieren aus der industriellen Massentierhaltung ist chemisch so belastet, daß es bei einem vergleichsweise kleinen Tier wie der Ratte leicht Erkrankungen hervorrufen kann.

Wurst, Schinken und Speck: Diese Lebensmittel sind für Ratten viel zu stark gewürzt beziehungsweise gesalzen und sollten ihnen deshalb nicht gegeben werden.
Hinweis: Ratten sind keine Fleischfresser. Wanderratten können zwar fischen und verzehren ihre Beute selbstverständlich auch, aber sie sind keine Jäger. Deshalb ist eine Zufütterung mit Fleischkost nicht nötig und dient auch nicht unbedingt der Gesundheit der Tiere.

Fett beugt Mangelerscheinungen vor

Bei Ratten, die zu fettarm ernährt werden, treten leicht Mangelerscheinungen auf. Fett ist zwar auch schon in der täglichen Grundnahrung, den Getreidekörnern, enthalten. Dennoch empfehle ich Ihnen, Ihren Ratten zusätzlich einmal in der Woche ein wenig gekochtes Eigelb und täglich ein paar Sonnenblumenkerne, etwas Leinsaat oder ein paar Nüsse anzubieten. Eine weitere Fettzufuhr, tierischer Herkunft, wird durch Käse und Milch gewährleistet.

Der ausgeprägte Geruchssinn ist der Ratte nicht nur bei der Nahrungssuche sehr nützlich. Auch Freund und Feind unterscheidet sie mit Hilfe ihrer »feinen Nase«.

Kohlenhydrate und Vitamine

In dem Eiweißlieferanten Getreide sind Kohlenhydrate bereits reichlich vorhanden. Trotzdem sollte man den Ratten zusätzlich Gemüse, Salat sowie Obst geben. So erhalten sie gleichzeitig auch Vitamine.

Gemüse: Gekocht und ungewürzt eignen sich vor allem Mohrrüben, Sellerie, grüne Erbsen, grüne Bohnen, Spargel, Blumenkohl und Kartoffelstückchen als Futterzugabe. Roh verfüttern können Sie: Mohrrüben, Maiskörner, Gurke, Zucchini, Kohlrabi, Fenchel und junge grüne Erbsen. Kleine Häppchen genügen.

Nagen. Nagematerial, wie zum Beispiel Nüsse in der Schale, braucht die Ratte unbedingt, damit sie ihre ständig nachwachsenden Nagezähne abschleifen kann.

Salat: Am besten sind für Ratten kleinblättrige Salate wie Feldsalat, Löwenzahn, Endivien, Chicorée und auch das Küchenkraut Petersilie geeignet. Auf Kopfsalat sollte man wegen der Insektengifte, mit denen der Kopfsalat häufig gespritzt wird, verzichten.

Obst: Fast alle Ratten mögen Obst. Am besten kommen Bananen, Äpfel, Birnen, Aprikosen, Erdbeeren und Pfirsiche an. Schneiden Sie das Obst in kleine Stückchen, Kerngehäuse herausschälen. Auch Trockenobst bekommt Ratten gut. Alle Sorten sind geeignet, aber bitte keine gezuckerten Früchte wählen.

Hinweis: Gemüse, Obst und Salat, die Sie roh verfüttern, müssen sorgfältig gewaschen werden und gut abtropfen. Wenn irgend möglich besorgen Sie Sorten, die nicht mit Insektengift gespritzt oder chemisch gedüngt wurden.

Lebenswichtige Vitamine

Vitamin A: Dieses fettlösliche Vitamin ist für die Gesundheit der Ratten sehr wichtig. Fehlt es, kann es zu Mangelerscheinungen kommen. Bei einer abwechslungsreichen Ernährung ist ein Mangel an Vitamin A praktisch ausgeschlossen. Vitamin A ist vor allem in Mohrrüben, in Leber, Lebertran und Spinat enthalten. Spinat führt bei Ratten leider häufig zu Durchfall. Machen Sie einen vorsichtigen Versuch mit einem kleinen Stückchen frischen Spinats. Lebertran sollte nur verabreicht werden, wenn bereits tatsächlich eine Mangelerscheinung besteht. Das muß der Tierarzt entscheiden. Er wird Ihnen auch die genaue Dosierung des Lebertrans für die Ratte angeben.

Vitamin B: Ein Mangel an Vitamin B ist bei Ratten, die täglich Körnerfutter und Hefe erhalten, nicht zu befürchten.

Vitamin C: Eine Zufütterung an Vitamin C ist bei Ratten nicht erforderlich.

Vitamin D: Das Anti-Rachitis-Vitamin wird von Sonnenstrahlen aktiviert. Gönnen Sie Ihrer Ratte deshalb so oft wie möglich ein Sonnenbad. Aber stellen Sie den Käfig nie in die pralle Sonne. Das Tier muß selbst entscheiden können, ob und wie lange es sich in der Sonne aufhalten will.

Vitamin E: Dieses Vitamin ist besonders in frischen Getreidekeimen enthalten, die von Ratten sehr gern genommen werden. Lassen Sie dazu die Getreidekörner, mit Wasser bedeckt, etwa 24 Stunden an einem warmen Ort quellen.

Die Körner müssen dann in flachen, zugedeckten Ton- oder Glasschalen auf dem Fensterbrett auskeimen. Täglich ein wenig frisches Wasser nachgießen. In etwa fünf Tagen können die Keime verfüttert werden. Besonders in der kalten Jahreszeit, wenn das Frischfutter knapp wird, kann Vitamin-E-Mangel entstehen.

Vitamin K und T: Normalerweise entsteht bei Ratten, die ausgewogen ernährt werden, kaum jemals ein Mangel an diesen Vitaminen. Vitamin K wird bei gesunden Tieren ausreichend durch die Darmflora gebildet.

Die richtige Nahrungsmenge

Hier läßt sich nur eine Faustregel aufstellen, da der Futterbedarf sich nach dem Gewicht der Ratte richtet. Erwachsene Ratten können zwischen 200 und 500 g schwer sein. Außerdem bestehen auch Unterschiede hinsichtlich der Futterverwertung bei den einzelnen Ratten. Aktive, meist junge Ratten, brauchen mehr Futter als ruhige, ältere Tiere.

Eine Ratte von 200 g Gewicht benötigt am Tag etwa 22 g Körnerfutter (Grundnahrung), dazu Nüsse, Gemüse, Obst und andere Extras.

Eine Ratte von 500 g Gewicht braucht fast die doppelte Menge, es sei denn, sie ist zu dick und man möchte sie gern ein bißchen abspecken. Lassen Sie jedoch erst vom Tierarzt Tumor und Schwangerschaft ausschließen, bevor Sie die Tagesration etwas verringern. Reduzieren Sie dabei vorsichtig die Grundnahrungsmenge, nicht aber die Zukost (mit Ausnahme von Käse).

Hinweis: Bitte wiegen Sie die Futtermenge anfangs aus, später wissen Sie dann genau, wieviel Sie auf den Löffel geben müssen.

Wasser löscht den Durst

Eine Ratte braucht am Tag ungefähr 17 bis 35 ml Wasser. Frisches Wasser sollte ihr in einer Nippeltränke immer zur Verfügung stehen. Es muß täglich erneuert werden, an heißen Sommertagen zweimal. Wenn Sie sicher gehen wollen, daß Ihre Ratten optimal mit Vitaminen versorgt werden, geben Sie ihnen gelegentlich Vitamintropfen (nach Gebrauchsanweisung) ins Trinkwasser. Vitamintropfen erhalten Sie im Zoofachgeschäft oder beim Tierarzt.

Ein paar Tips zum Schluß

Ratten brauchen ein abwechslungsreiches Nahrungsangebot, aber nicht jedes Tier ist für jedes Lebensmittel zu begeistern. Machen Sie sich keine Sorgen, wenn Ihre Ratten keine Kartoffeln mögen, sondern sich lieber an Mohrrüben halten, und statt Birnen lieber Äpfel verzehren. Die Hauptsache ist, daß sie sowohl Getreide als auch Nüsse, Gemüse, Obst und Salat zu sich nehmen.

Verboten sind Essensreste, denn für Menschen gewürzte Speisen sind schädlich für die Tiere. Und sorgen Sie dafür, daß die Ratten nicht »zum Spaß« mit Alkohol traktiert werden. Leider trinken viele Ratten das Zeug, aber die Folgen können fatal sein. Auch andere Genußmittel wie Süßigkeiten, Kuchen, Kaffee, Tee und Kakao sollten für Ratten tabu bleiben.

Erlaubt sind knackige Cracker und Käsekekse, auch hier und da mal ein süßer Keks ohne Füllung und Schokoladenüberzug.

Gesunderhaltung und Krankheiten

Erste Krankheitszeichen

Die Vorsorge ist das beste Mittel um Krankheiten vorzubeugen. Achten Sie darauf, daß die Ratten abwechslungsreich ernährt und vor Zugluft geschützt werden, reichlich Auslauf bekommen, in der Sonne liegen dürfen, wenn sie es wollen, und einen geschützten, warmen Käfig haben. So ist für ihre Gesundheit optimal vorgesorgt. Dennoch kann es passieren, daß ein Tier krank wird. Erste Krankheitszeichen sind:

• Futterverweigerung.
• Kein Interesse am Auslauf.
• Durchfall.
• Stumpfes und/oder trockenes Fell, fettige Schuppen, blutige oder verkrustete Stellen im Fell.
• Niesen, Husten, Röcheln bei der Atmung.
• Hervortretende Geschwulste.
• Veränderungen im Verhalten wie Apathie und »Fremdeln«.

Treten ein oder mehrere Krankheitszeichen auf, gilt folgende Faustregel: Beobachten Sie Ihre Ratten einen Tag lang. Wenn in dieser Zeit die Symptome wieder verschwinden, ist alles in Ordnung. Wenn nicht, sollten Sie sofort mit der Ratte einen Tierarzt aufsuchen. Es hat keinen Zweck, selbst herumzudoktern, denn die gleichen Symptome können beispielsweise sowohl bei einer harmlosen Erkältung als auch bei Lungenkrebs auftreten.

Hinweis: Es kann passieren, daß die Ratte Sie plötzlich beißt, wenn Sie sie streicheln möchten. Dieses Verhalten deutet bei zahmen Ratten meist auf eine gesundheitliche Störung hin. Wahrscheinlich verursacht der Ratte die Berührung mit der Hand Schmerzen. Fassen Sie deshalb die Ratte möglichst wenig an, wenn sie krank ist.

Die Wahl des richtigen Tierarztes

Speziell bei Ratten ist die Auswahl des richtigen Tierarztes ein ganz wichtiger Punkt. In Frage kommt ein Facharzt für Kleintiere. Aber auch da ist Vorsicht geboten. Nicht jeder versteht sich auf Ratten. Erkundigen Sie sich am besten schon vor der Anschaffung des Tieres nach einem Tierarzt, der mit Ratten Erfahrung

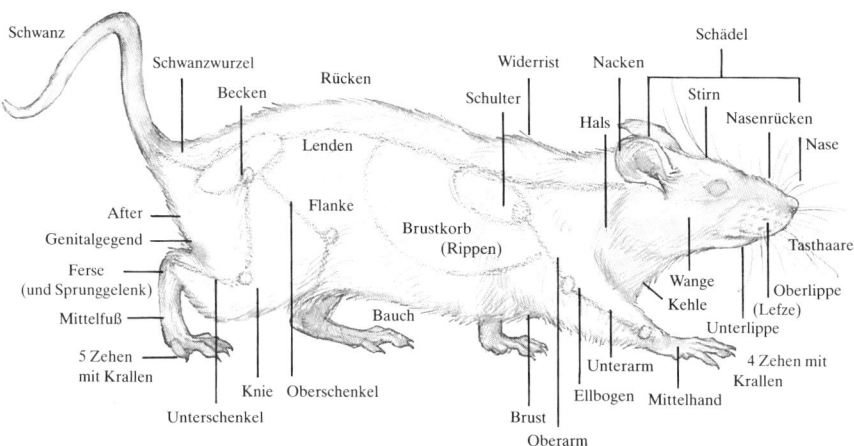

Die wichtigsten Körperteile der Ratte zu kennen, kann besonders bei Verletzungen des Tieres wichtig sein. Aber auch für Beobachtungen an Ihrer Ratte ist dieses Wissen nützlich.

Gesunderhaltung und Krankheiten

Alarmsignale bei Krankheiten

Krankheitszeichen	Mögliche Ursache	Behandlung
Niesen, feuchte Nase.	Erkältung.	(→ Seite 36); Tierarzt.
Niesen, feuchte Nase, Husten, schwere Atmung.	Lungenentzündung, Lungenkrebs.	Tierarzt.
Durchfall.	Ernährungsfehler, Infektion, andere Ursache.	(→ Seite 36); Tierarzt.
Hautveränderungen mit kahlen, krustigen, blutigen Stellen im Fell, fettige Schuppen.	Hauterkrankung, die durch verschiedene Ursachen ausgelöst werden kann, zum Beispiel durch Pilze, Allergien oder Ungeziefer.	(→ Seiten 36 und 39); Tierarzt.
Häufiges Kratzen, rote Stellen im Fell, Haarausfall.	Allergie; tritt besonders bei Albinos auf.	(→ Seite 39); Heu und Holzspäne entfernen, blühende Zimmerpflanzen entfernen, Futterumstellung; Tierarzt aufsuchen.
Häufiges Kratzen, weiße Punkte im Fell.	Ungeziefer (Milben, Läuse).	(→ Seite 39); Tierarzt.
Abzesse	Kleinere Verletzungen.	(→ Seite 36); vom Tierarzt entfernen lassen.
Geschwülste, eventuell mit Abmagerung.	Krebs.	(→ Seite 39); vom Tierarzt operieren lassen.
Appetitlosigkeit.	Bei verschiedenen Krankheiten möglich, tritt jedoch nicht bei Krebs auf.	Futter wechseln, Ursache vom Tierarzt abklären lassen.
Verletzungen.	Bisse durch Artgenossen, Verletzungen durch Unfall.	Tierarzt.

hat. Auskunft geben können wahrscheinlich die Zoofachhandlungen, der örtliche Tierschutzverein oder andere Rattenbesitzer. Wenn Sie dort nicht fündig werden, rufen Sie einfach die Tierärzte in Ihrem Wohnbezirk an und fragen Sie, ob in ihrer Praxis auch Ratten behandelt werden.

Der Transport zum Tierarzt

Zum Transportieren einer kranken Ratte eignet sich eine feste Schachtel mit Deckel. Bohren Sie einige Luftlöcher in den Deckel und geben Sie Teile der Einstreu aus dem Haltungskäfig in den Karton. Ist es draußen sehr kalt, müssen Sie während des Transportes für Wärme sorgen. Dafür eignet sich eine normale Wärmflasche – mit warmem Wasser gefüllt. Legen Sie die Wärmflasche in einen großen Karton und stellen Sie dann die kleinere Schachtel mit dem kranken Tier darauf.

Krankheiten, die häufiger vorkommen

Im folgenden Text habe ich Ihnen Krankheiten beschrieben, die bei Ratten öfter einmal vorkommen können. Natürlich gibt es noch eine Vielzahl möglicher Erkrankungen. Sie alle hier aufzuzählen, würde den Rahmen dieses Ratgebers sprengen. Im Zweifelsfall ist es sowieso immer ratsam, sofort mit der Ratte einen Tierarzt aufzusuchen.

Hinweis: Grundsätzlich dürfen Sie Ihrer Ratte keine Medikamente geben, die anderen Heimtieren vom Tierarzt verordnet wurden. Das gleiche gilt auch für Medizin, die für Menschen bestimmt ist.

In vielen Fällen haben sich bei Ratten homöopathische Mittel bewährt. Das ist eine gute Alternative, denn sie belasten den kleinen Organismus nicht. Fragen Sie den Tierarzt danach.

Durchfall

Krankheitszeichen: Breiiger bis flüssiger Kot; verklebtes Hinterteil; Appetitlosigkeit. Der Zustand der Ratte verschlechtert sich in Folge des rapiden Flüssigkeits- und Mineralstoffverlustes sehr rasch.

Mögliche Ursache: Ernährungsfehler (zum Beispiel zu viel Obst); Infektionen.

Behandlung: Durchfall ist harmlos, wenn er innerhalb 24 Stunden wieder aufhört. In dieser Zeit fastet die Ratte normalerweise. Lediglich Jungtiere unter sechs Monaten sollten sofort vom Tierarzt behandelt werden. Länger anhaltenden Durchfall bei erwachsenen Ratten unbedingt vom Tierarzt behandeln lassen. Bringen Sie ihm am besten eine frische Kotprobe in einem sauberen, verschließbaren Behälter. Als Sofortmaßnahme empfehle ich Ihnen eine Futterumstellung: Geben Sie mehr Haferflocken und weniger Frischfutter. Außerdem sollten Sie der kranken Ratte viel Flüssigkeit zuführen. Besser als Wasser ist in diesem Fall Kamillen- oder Fencheltee. Träufeln Sie ihn der Ratte mit einer Einwegspritze (selbstverständlich ohne Nadel) in das Mäulchen. Halten Sie dabei die Ratte auf Ihrem Schoß.

Erkältung

Krankheitszeichen: Niesen, Husten, Röcheln beim Atmen; feuchte Nase.

Mögliche Ursache: Käfig steht in Zugluft

(→ Wohin mit dem Rattenkäfig, Seite 17)

Behandlung: Sofort zum Tierarzt, da die gleichen Krankheitszeichen auch bei Erkrankungen der Atmungsorgane bis hin zur Lungenentzündung und auch Lungenkrebs auftreten können. Selbst bei einer einfachen Erkältung hat es wenig Sinn, das kranke Tier mit Kamillendampfbädern oder Rotlichtbestrahlung in eigener Regie zu behandeln.

Vorbeugung: Beugen Sie einer Erkältung durch wärmendes Nistmaterial (→ Seite 18) vor. Außerdem Käfig nicht in Zugluft stellen.

Abszesse

Krankheitszeichen: Kleine Geschwülste, die sich häufig entzünden.

Mögliche Ursache: Bisse von Artgenossen, Kratzen, sonstige kleinere Verletzungen.

Behandlung: Der Tierarzt entscheidet, was zu tun ist. Er wird in der Regel den Abszess unter örtlicher Betäubung operativ entfernen.

Allergien

Krankheitszeichen: Stumpfes und/oder trockenes Fell; blutige und/oder verkrustete Stellen im Fell; kahle Stellen im Fell; Haarausfall; häufiges Kratzen.

Mögliche Ursachen: Allergische Reaktion auf chemisch behandelte Einstreu wie Heu oder Holzspäne; gedüngte Gemüse-, Obst- und Salatsorten; blühende Zimmerpflanzen, Putzmittel.

Behandlung: Suchen Sie mit der Ratte einen Tierarzt auf, obwohl es häufig schwer herauszufinden ist, welcher Faktor die Allergie ausgelöst hat. Mögliche Ursachen abstellen.

Putzen. Die Ratte benutzt ihre Vorderpfoten wie Hände, um die Hinterpfoten festzuhalten. So kann sie auch diesen Körperteil gründlich mit der Zunge säubern.   ▷

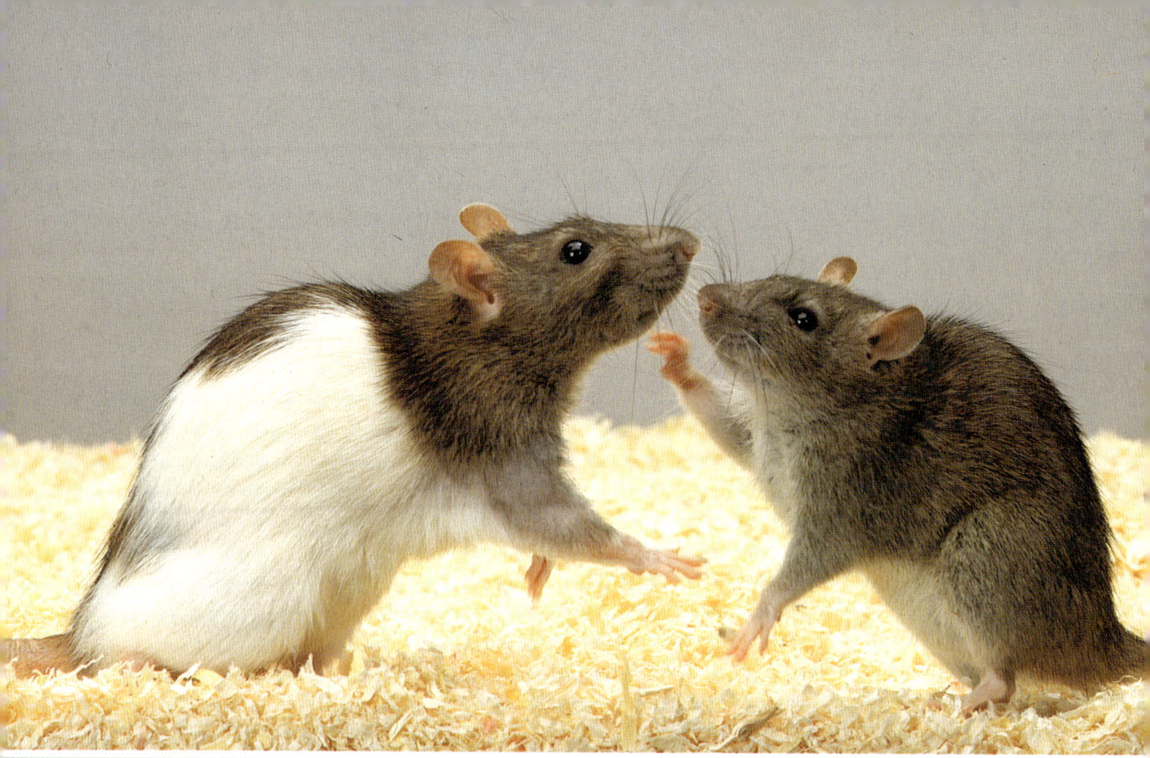
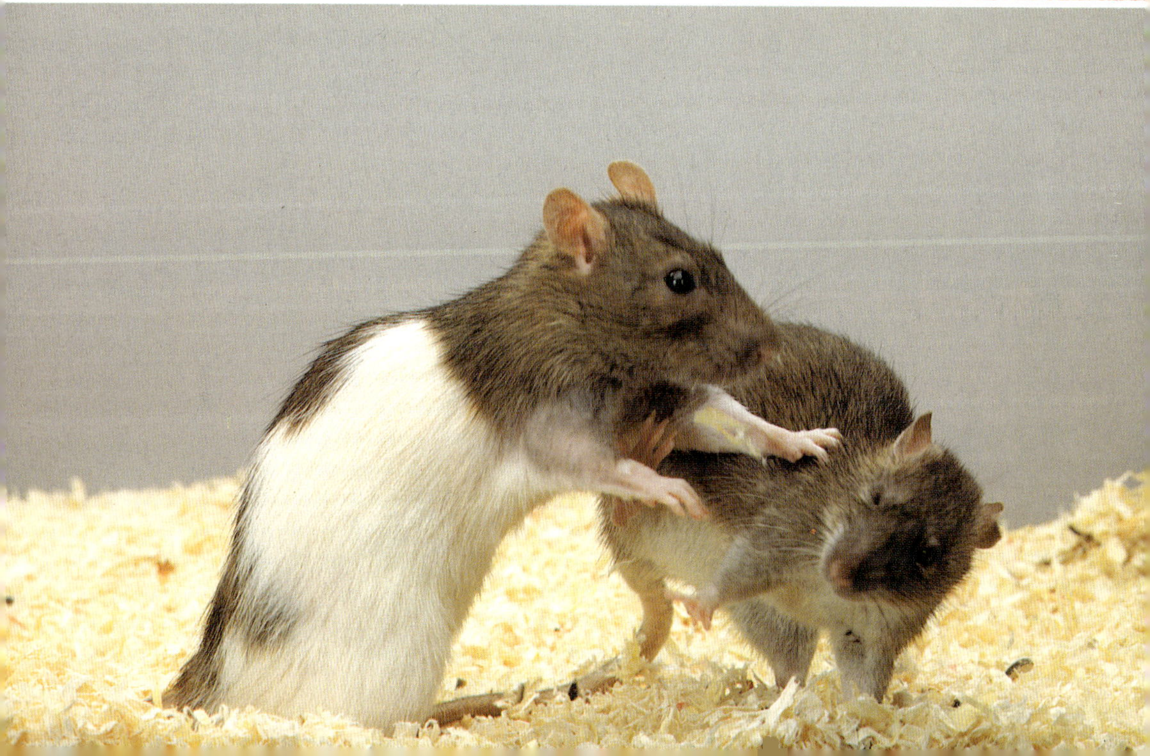

Gesunderhaltung und Krankheiten

Parasiten (Ungeziefer) im Fell

Krankheitszeichen: Unruhiges Verhalten; häufiges Kratzen; weiße Punkte im Fell.

Mögliche Ursachen: Milben oder Läuse; Übertragung durch direkten Tierkontakt.

Behandlung: Milben und Läuse können Sie mit einem speziellen Mittel (im Zoofachhandel erhältlich) genau nach Vorschrift behandeln. Am besten ist ein Mittel (nur beim Tierarzt zu bekommen), das mit einem Pinsel auf die befallenen Stellen aufgetragen wird. Puder oder Sprays sind weniger geeignet, denn sie werden eingeatmet oder gelangen in die Augen. Gleichzeitig mit der Behandlung der Ratte muß auch der Käfig gründlich gereinigt und die Einstreu erneuert werden.

Pilzerkrankungen

(Glatzflechte = Trichophytie, Microsporie)

Krankheitszeichen: Kreisrunde bis ovale Stellen mit Haarausfall und leicht wulstigem Rand, von entzündeter Haut umgeben.

Ursachen: Pilze, die über die Einstreu und durch das Futter eingeschleppt werden.

Behandlung: Vermeiden Sie jeden Kontakt mit den befallenen Stellen, da Glatzflechte sehr ansteckend ist. Gehen Sie mit der Ratte unbedingt sofort zum Tierarzt, und beachten Sie besonders streng die Hygienemaßnahmen. Gehen Sie im Zweifelsfall selbst zum Arzt.

Hinweis: Andere Pilzerkrankungen sind möglich.

Zu lange Nagezähne

Krankheitszeichen: Die ständig nachwachsenden Nagezähne der Ratte sind so lang geworden, daß sie nicht mehr in der Lage ist, ausreichend Nahrung aufzunehmen.

Ursache: Mangel an Nagematerial.

Behandlung: Der Tierarzt bringt mit einem Seitenschneider die Zähne wieder auf die richtige Länge. Lassen Sie sich zeigen, wie man das macht. Im Normalfall können Sie diesen kleinen Eingriff problemlos selbst vornehmen. Die Ratte wird sich in der Regel nicht ernsthaft zur Wehr setzen, denn sie merkt, daß man ihr helfen will und ist dankbar dafür.

Vorbeugung: Bieten Sie Ihrer Ratte immer genügend hartes Brot, Nüsse in der Schale oder Holzstücke an, damit sie ihre Nagezähne genügend abschleifen kann.

Krebs

Krankheitszeichen: Hervortretende, größere Geschwulst (→ Zeichnung, Seite 40). Dabei ist die Ratte in der Regel ganz munter und hat auch einen guten Appetit. Im fortgeschrittenen Stadium kommt es zu Abmagerungen, und die Ratte weist einen schlechten Allgemeinzustand auf.

Ursache: Krebs.

Behandlung: Krebstumore lassen sich bei Ratten vom Tierarzt gut herausoperieren. Allerdings treten mit großer Wahrscheinlichkeit schon wenige Monate später neue Geschwülste auf.

Noch ein Wort zum Krebs

Krebs steht an erster Stelle aller Krankheiten, die Ratten mit großer Wahrscheinlichkeit bekommen. Schließlich werden sie ja, wie bereits mehrfach erwähnt (→ Seite 8), auf Krebsanfälligkeit hin gezüchtet. Dabei sind innere Geschwülste an Organen relativ selten. Meistens handelt es sich um große, gut sichtbare Tumore an irgendeiner Stelle des Körpers, die sehr

◁ Aufforderung zum Putzen. Oben: die rechte Ratte möchte von der linken geputzt werden.
Unten: Gegenseitige Fellpflege ist bei Ratten sehr beliebt. Deshalb kommt die linke Ratte der Aufforderung gern nach, ihren Artgenossen zu putzen.

rasch wachsen. Zögern Sie keinen Tag, das Tier dem Tierarzt vorzustellen. Krebstumore sind bei Ratten relativ leicht operativ zu entfernen. Damit schenkt man dem Tier eine weitere Lebenszeit von mehreren Monaten, in der es sich wohl fühlt. Wenn eine Ratte allerdings so stark verkrebst ist, daß sie offensichtlich keine Freude mehr am Leben hat, sollte man das Tier vom Tierarzt schmerzlos einschläfern lassen. Auf diese Weise ersparen Sie ihm weitere Leiden. Das ist natürlich eine schwere Entscheidung für jeden Tierfreund, die nur nach reiflicher Überlegung, zusammen mit dem Tierarzt, getroffen werden kann.

Bitten Sie den Tierarzt um eine schonende Einschläferung, bei der zuerst ein Betäubungsmittel in den Bauchraum gespritzt und die tödliche Injektion in den Herzmuskel erst bei völliger Bewußtlosigkeit vorgenommen wird.

Krebs. Um Behandlungsmethoden gegen Krebs testen zu können, werden Ratten auf eine besondere Krebsanfälligkeit hin gezüchtet. Im Alter von zwei Jahren erkranken die Ratten an meist deutlich sichtbaren Krebstumoren.

Ansteckungsgefahr

Bei vielen Krankheiten besteht leider die Gefahr, daß das kranke Tier ein gesundes ansteckt. Auch der Mensch kann sich, vor allem bei Hauterkrankungen, die durch Pilze verursacht werden (→ Pilzerkrankungen, Seite 39), infizieren. Ob ein solcher Fall vorliegt, muß der Tierarzt entscheiden.

Der »Krankenkäfig«: Damit die kranke Ratte eine gesunde Ratte nicht ansteckt, sollten Sie die Tiere vorübergehend voneinander trennen. Für solch einen Notfall ist es sinnvoll, einen zweiten Käfig parat zu haben. Er darf ruhig etwas kleiner und einfacher sein als der Hauptkäfig. Im »Krankenkäfig« muß die kranke Ratte bis zu ihrer Genesung bleiben. Sie bekommt unterdessen keinen Auslauf. Es ist erstaunlich, wie rasch Ratten sich wieder erholen. Selbst nach Operationen größerer Geschwülste springen sie häufig schon am nächsten Tag wieder munter im Käfig herum. Aber es gibt auch Fälle, in denen ein krankes Tier sich zurückzieht und offensichtlich Ruhe braucht. Dann ist es die Aufgabe des Halters, alle Störungen zum Beispiel durch andere Heimtiere, durch Kinder oder Besucher von ihr fernzuhalten. Eine Ratte, die sich verkriecht, nicht oder kaum noch essen will, fast ununterbrochen schläft oder döst, ist mit Sicherheit schwer krank. Darauf sollte man Rücksicht nehmen.

Nach ihrer Genesung – oder auch nach ihrem Tod – müssen Sie den »Krankenkäfig« desinfizieren. Gut bewährt hat sich das Mittel »Indizin«, das Sie in der Zoofachhandlung oder in der Apotheke erhalten. Wenden Sie das Mittel nach Gebrauchsanweisung an.

Hinweis: Stellen Sie den »Krankenkäfig« so auf, daß das kranke Tier Sichtkontakt zu den gesunden Ratten hat. Dann wird die isolierte Ratte auch nach längerer Abwesenheit von ihren Artgenossen wiedererkannt (→ Seite 45).

Wenn Ratten Junge bekommen

Wann Ratten geschlechtsreif werden

Ratten sind sehr fruchtbar. Weibchen können bereits im Alter von 4 Wochen, Männchen mit 6 Wochen geschlechtsreif werden. Allerdings werden die Weibchen oft schon ab dem 15. bis 18. Lebensmonat unfruchtbar (→ Ratten verstehen lernen, Seiten 44 bis 52).

Ein freilebendes Rattenweibchen kommt in der Zeit seiner Fruchtbarkeit auf sechs bis maximal acht Würfe. Vier Geburten im Jahr sind normal. Jahreszeitliche Schwankungen spielen nur eine geringe Rolle. Die meisten Jungen werden im Frühjahr (März/April) sowie im Spätsommer (September) geboren. Im Hochsommer und im Winter kann die Geburtenrate bis auf Null zurückgehen. Das Wanderrattenweibchen bringt pro Wurf fünf bis sieben Junge zur Welt. Nach neuesten Forschungen überleben aber nur fünf Prozent der Jungen aus einem Wurf das erste Lebensjahr. Schuld daran sind vor allem Nahrungsmangel, Krankheiten, oder die jungen Ratten werden zur Beute von Füchsen und Greifvögeln.

Ein domestiziertes Rattenweibchen bringt es sogar auf bis zu 15 Junge pro Wurf. Eine natürliche Ausfallrate durch Feinde oder eingeschleppte Krankheiten gibt es so gut wie nicht, und für genügend Futter sorgt der Mensch.

Vor Rattenzuchten wird gewarnt

Von dem Versuch, eine Rattenzucht aufzubauen, rate ich Ihnen ausnahmslos ab. Das hat vor allem zwei Gründe:

Krebsanfälligkeit: Alle Ratten, die man kaufen kann, stammen von Laborratten ab. Sie werden seit rund fünfzig Jahren auf besondere Krebsanfälligkeit hin gezüchtet (→ Seite 8). Das bedeutet, daß sie diese unglückselige Erbanlage in sich tragen und an ihre Jungen weitervererben. Es ist also vorprogrammiert, daß die Jungen später an Krebs erkranken werden.

Absatzprobleme: Es gibt einfach noch zu wenig Abnehmer für junge Ratten. Auch die Freundin, die so gern zwei süße Junge von Moritz und Dina wollte, überlegt es sich womöglich doch noch einmal, wenn es dann so weit ist. Möchten Sie trotz allen Warnungen doch einmal erleben, wie Ihre Ratten Junge groß ziehen, tun Sie bitte vorher eines: Klären Sie unbedingt ab, ob Ihnen Freunde überzählige Tiere abnehmen.

Die Rattenmutter packt ihr Junges mit dem Maul an einer Hautfalte und trägt es in das Nest zurück.

Wie Sie Rattennachwuchs verhindern können

Leider gibt es zur Verhinderung von Nachwuchs bei Ratten nur eine einzige sichere Methode: Die strikte Trennung nach Geschlechtern (→ Seite 14).

Die Kastration, das Entnehmen der Keimdrüsen beim Männchen, der Eierstöcke beim Weibchen, wird in Narkose vorgenommen. Leider besteht bei Ratten immer noch ein Narkoserisiko von 5 bis 10 Prozent. Bei Katzen beträgt dieses Risiko nur 1 Prozent wie beim Menschen. Inzwischen ist allerdings ein recht gutes Kreislaufmittel für Ratten auf dem Markt, das dazu beitragen könnte, das Narkoserisiko in Zukunft zu senken. Operationstechnisch ist der Eingriff bei Männchen leichter durchzuführen als bei Weibchen.

Tragzeit und Geburt

Wenn ein Rattenpaar zusammen in einem Käfig lebt, bleibt eine Vermehrung mit Sicherheit nicht aus. Der Geschlechtstrieb kann sogar so stark sein, daß Sie beispielsweise Ihrer weiblichen Ratte durchaus ein erwachsenes, völlig fremdes Männchen zugesellen können (→ Seite 45). Nach anfänglich harmlosen Rangeleien kommt es meist zur Paarung.

Die Begattung: Die Paarungsbereitschaft geht vom Weibchen aus. Das geschlechtsreife Rattenweibchen produziert Sexualhormone, deren Duft das Männchen riecht. Die Brunst des Weibchens dauert sechs Stunden. Im Rattenrudel wird es in diesem Zeitraum 200 bis 500mal von verschiedenen Männchen gedeckt. Die einzelne Paarung dauert nur wenige Sekunden. Das Weibchen legt den Schwanz beiseite und hebt das Hinterteil leicht an, um dem Männchen das Eindringen zu erleichtern.

Die Tragzeit: Sie beträgt bei Wanderrattenweibchen 24 Tage. Insbesondere während der Tragzeit und der bis zu vierwöchigen Säugedauer hat das Weibchen den doppelten Nahrungsbedarf wie andere erwachsene Ratten (→ Die richtige Nahrungsmenge, Seite 33). In dieser Zeit ist auch ihr Flüssigkeitsbedarf wesentlich höher als üblich. Füttern Sie besonders abwechslungsreich – insbesondere Eiweiß und Vitamine dürfen nicht fehlen.

Die Geburt: Oft erfolgt die Geburt in den frühen Morgenstunden. Die Rattenmutter hat vorher bereits ein Nest für ihre Jungen aus dem Einstreumaterial im Käfig gebaut. Als Nest dient auch häufig das besonders gut ausgepolsterte Schlafhäuschen. Rättinnen, die aufgrund von Überzüchtung degeneriert sind, versäumen

es manchmal, ein Nest zu bauen. Dann muß der Mensch eingreifen und den Platz, an dem die Jungen liegen, weich auspolstern. Die kleinen Ratten brauchen viel Wärme. Deshalb ist Hamsterwatte (aus dem Zoofachgeschäft) gut zum Auspolstern des Nestes geeignet.

Hinweis: Nach der Geburt sollten Sie sofort den Rattenvater von Mutter und Kindern trennen. Die nächste Befruchtung kann nämlich bereits innerhalb von zwei bis drei Tagen nach der Geburt erfolgen. Setzen Sie den Rattenvater in einen separaten Käfig, der aber im gleichen Zimmer stehen sollte wie der Käfig der Rattenmutter mit den Jungtieren. Auch die Jungtiere müssen im Alter von spätestens zwei Monaten nach Geschlechtern getrennt werden (→ Wohin mit den jungen Ratten, Seite 43). Verwandtschaftliche Beziehungen spielen nämlich in der Sexualität von Ratten keine Rolle. Mutter und Sohn, Vater und Tochter, Bruder und Schwester paaren sich ausnahmslos miteinander.

Rattenweibchen sind gute Mütter

Überlassen Sie die Pflege der Jungen allein der Rattenmutter, solange sie säugt. Daß sie krank wird oder die Jungen vernachlässigt, kommt in der Praxis kaum vor. Nehmen Sie die Kleinen möglichst nicht hoch, es sei denn, Sie haben den Eindruck, daß eines von ihnen krank ist. Ab der vierten Lebenswoche ist vorsichtiges Streicheln mit den Fingerspitzen erlaubt. Aber bitte erst die Mutter streicheln, damit sie Ihre gute Absicht erkennt.

Rattenweibchen sind sehr gute, besorgte und liebevolle Mütter. Wenn sie befürchten, daß ihren Kindern Gefahr droht, können sie sehr energisch und aggressiv werden. Halten Sie deshalb auch Kinder, Besucher und Heimtiere vorsichtshalber von dem Nest fern. Verwöhnen Sie die Rattenmutter mit Leckerbissen und guten Worten. Man darf auch nicht vergessen, sich um den so plötzlich isolierten Rattenvater (→ Seite 42) zu kümmern.

Wenn Ratten Junge bekommen

Die Entwicklung der Jungen

Junge Ratten kommen nackt und blind auf die Welt. Sie sind Nesthocker.

Ab dem 10. Lebenstag beginnen die Körperhaare zu wachsen.

Zwischen dem 13. und 16. Tag öffnen die jungen Ratten die Augen. Sobald sie sehen können, krabbeln sie aus dem Nest, um ihre nähere Umgebung zu erkunden. Sie werden jedoch von der Mutter aufgesammelt und in das Nest zurückgebracht (→ Zeichnung, rechts).

Nach zweieinhalb Wochen sollten Sie beginnen, den Jungen – obwohl sie meist noch gesäugt werden – festes Futter anzubieten. Besonders geeignet sind: Sojamehl, zerdrückte Haferflocken oder Hafermehl, Leinsaat, kleine Obst-, Salat- und Gemüsestückchen (→ Die richtige Ernährung, Seite 29).

Mit fünf Wochen ist das erste Jugendfell völlig ausgebildet.

Mit sechs Wochen erfolgt der erste Haarwechsel. Die Jungen können nun von der Mutter getrennt werden.

Hinweis: Die Rattenmutter säugt ihre Jungen bis zu vier Wochen lang. Aber auch danach bleibt die enge Beziehung zwischen Mutter und Kindern noch mindestens zwei Wochen lang bestehen. Die Jungen laufen der Mutter überallhin nach, und sie lernen von ihr, wie man sich bei der Nahrungssuche verhält und Gefahren vermeidet.

Wohin mit den jungen Ratten?

Wenn Sie die jungen Ratten behalten wollen oder mangels Abnehmern behalten müssen, trennen Sie sie unbedingt nach Geschlechtern! Lassen Sie das Geschlecht der Jungtiere sicherheitshalber einwandfrei vom Tierarzt feststellen. Setzen Sie die männlichen Tiere nach Ablauf von etwa sechs bis spätetens acht Wochen zum Rattenvater in den Käfig. Geben Sie aber dem Rattenvater, sobald die Rattenmutter den Jungen genügend Spielraum läßt, vorher beim Auslauf die Gelegenheit, die Jungen kennenzulernen. Es ist wichtig, daß er mit dem Geruch der Kleinen vertraut ist und schon hier und da einmal mit ihnen gespielt hat. Dann nämlich wird er sich nicht aggressiv gegenüber den jungen Ratten verhalten. Sie brauchen also, wenn sich unerwartet Nachwuchs einstellt, zwei Rattenkäfige. Einen für die Weibchen und einen für die Männchen. Beide Käfige müssen recht

Das Rattenweibchen kümmert sich liebevoll um seine Jungen. Sie säugt ihre Kinder bis zu vier Wochen lang. In den folgenden beiden Wochen zeigt sie den jungen Ratten, wie man sich bei der Nahrungssuche verhält und Gefahren vermeidet.

geräumig sein, um der jeweiligen Anzahl der Tiere ausreichend Platz zu bieten. Der Auslauf der Tiere muß selbstverständlich getrennt erfolgen. Sonst haben Sie in kürzester Zeit über 100 Ratten in der Wohnung.

Hinweis: Zwei Jungratten sollten Sie in jedem Fall behalten. Eine weibliche und eine männliche, damit die beiden Elternteile in ihren Käfigen Gesellschaft bekommen.

Ratten verstehen lernen

Das hervorstechende Merkmal der Ratten ist ihr ungewöhnlich hoch entwickeltes Sozialbewußtsein. In der Literatur stößt man immer wieder auf folgende Geschichte: Zwei Ratten überqueren einen Hof. Eine von ihnen wird erschlagen. Die andere verharrt, macht keinen Versuch zu fliehen. Man stellt fest, daß sie blind ist. Und man entdeckt einen Strohhalm, einen kleinen Zweig oder etwas ähnliches, an dem die gesunde Ratte die blinde über den Hof geführt hat.

Zum Kennen- und Verstehenlernen von Ratten gehört vor allem das Wissen über ihre natürlichen Verhaltensweisen und ihre Sinnesleistungen. Darüber gibt Ihnen dieses Kapitel ausführlich Auskunft. Es soll Ihnen zudem Anregungen für eigene Beobachtungen an Ihren Ratten geben, um sie Ihnen noch näher zu bringen.

Wanderratten unter sich

Wanderratten leben in Rudeln, in Familienclans zusammen. Zur Großfamilie gehört die gesamte ausgedehnte Verwandtschaft, vom Ururgroßvater bis zur Tante sechsten Grades. Man verträgt sich untereinander, Raufereien sind ausgesprochen selten. Jedes Tier übernimmt bereitwillig und verantwortungsbewußt die ihm zugewiesene, beziehungsweise ihm zustehende Aufgabe (→ Aufgabenteilung, Seite 46). Auch die Fortpflanzung erfolgt im wesentlichen innerhalb des Clans, ohne daß es zu Inzuchterscheinungen kommt. Aufgrund der großen Fruchtbarkeit der Rattenweibchen (→ Seite 41) besteht kein Mangel an Partnern, zu denen eine allzu enge Blutsverwandtschaft besteht. Auf der anderen Seite allerdings ziehen die Weibchen häufig Sexualpartner vor, mit denen sie eine enge Verwandtschaft verbindet. Die Beziehung zu anderen Rattenclans sind distanziert, aber nicht unfreundlich, denn Ratten sind ausgesprochen friedfertige Tiere. Außerdem können sie sich in der Natur jederzeit aus dem Weg gehen.

Steckbrief: Wanderratte
Rattus norvegicus

Ordnung:	Nagetiere *(Rodentia)*
Unterordnung:	Echte Mäuse *(Murinae)*
Familie:	Mäuse *(Muridae)* und Wühler *(Cricetidae)*
Gattung	Ratten *(Rattus)*
Körper- plus Kopflänge:	21 bis 28 cm
Schwanzlänge:	17 bis 23 cm
Gewicht:	200 bis 500 g
Haarfarbe:	Graubraun mit einem Stich ins Rötliche.
Lebensweise:	Rudeltiere; dämmerungsaktiv.
Verbreitung:	Weltweit.
Domestikation:	Als Laborratten (vorwiegend Albinos) gezüchtet ab 1890. Als Streicheltiere etwa 1960 in England entdeckt.

Wenn eine fremde Ratte im Revier auftaucht

Ob eine Ratte zum Familienclan gehört oder nicht, erkennen die Familienmitglieder vorwiegend an ihrem Geruch. Taucht eine fremde Ratte im Revier einer Rattenfamilie auf, wird sie entweder verjagt oder sogar in den Clan aufgenommen.

Scheinangriff: Der Eindringling wird zunächst mit Scheinangriffen attackiert. Dabei kommt es aber in der Regel nicht zu ernstlichen Angriffen. Schließlich baut sich eines der dominierenden älteren Rattenmännchen drohend vor der fremden Ratte auf und gibt ihr mit Hilfe von Ultraschallauten zu verstehen, daß sie hier unerwünscht ist. Normalerweise versteht der Eindringling diese Lektion und zieht sich vorsichtig zurück. Niemand verfolgt ihn.

Demutsschrei: Die fremde Ratte kann sich aber auch unterwerfen und wird dann sogar in den Clan aufgenommen. Das kommt meist bei heimatlosen Außenseitern unter den Ratten vor, die Anschluß an ein Rudel suchen. Der Eindringling erreicht seinen Zweck, wenn er »Demutsschreie« ausstößt, dabei handelt es sich um Ultraschallaute zwischen 20 und 25 kH, die für unsere Ohren nicht wahrnehmbar sind. Aber diesen Demutsschrei müssen die Ratten erst lernen. Es ist keine angeborene Verhaltensweise.

Bei einer völlig unerfahrenen Ratte aus dem Labor, die zu Versuchszwecken isoliert in einem Käfig gehalten wurde, kann deshalb folgendes passieren: Wenn sie plötzlich in einen anderen Käfig gesetzt wird, in dem ein fremder Rattenclan lebt, verhält sie sich aus Unwissenheit unter Umständen völlig falsch. Sie wird zwar eine Zeitlang von den Familienmitgliedern gewarnt. Doch zum einen kann sie im Käfig nicht fliehen und zum anderen hat sie die Demutsschreie nicht erlernt. Sie wird dann ernstlich attackiert und schließlich getötet.

Hinweis: Wenn Sie zwei sich völlig fremde erwachsene Ratten zusammen in einen Käfig sperren, kommt es meist zu blutigen Auseinandersetzungen. Die Tiere bleiben in der Regel unverträglich untereinander, weil sie aus ganz verschiedenen Familien stammen. Ihr jeweiliger Geruch ist dem anderen Tier fremd und möglicherweise sogar unangenehm. Die Demutsschreie beherrscht keines der Tiere. In der Natur würden sie, ohne sich anzugreifen, einander einfach aus dem Wege gehen. Aber im Käfig ist das nicht möglich. Setzt man dagegen zwei verschiedengeschlechtliche Tiere zusammen in einen Käfig, kann der Geschlechtstrieb so stark sein, daß natürliche Schranken überwunden werden. Nach anfänglichen harmlosen Rangeleien kann es zur Paarung kommen (→ Wenn Ratten Junge bekommen, Seiten 41 bis 43).

Das Leben in der Rattenburg

Die unterirdischen Bauten von Ratten in der Natur sind sehr raffiniert und kompliziert angelegt. In der Rattenburg gibt es verschiedene Räume, die jeweils unterschiedlichen Zwecken dienen, eine Reihe von Gängen und in der Regel mehrere Ein- und Ausgänge.

Im Inneren der Rattenburg findet man Vorratskammer, Schlaf- und Aufenthaltsräume, ein Klo und als eine besondere Attraktion am besten Platz, ganz in der Mitte, eine Wochenstube für alle säugenden Rattenweibchen.

In den angrenzenden Räumen – rund um die Wochenstube – halten sich die älteren, dominierenderen Rattenmännchen auf sowie die Jungtiere und die gerade nicht säugenden Rattenweibchen.

Am äußeren Rand der Burg, also an den gefährdeteren Plätzen, leben die jüngeren, halb und gerade erwachsenen Familienmitglieder. Anscheinend verkraftet der Familienclan einen möglichen Verlust dieser Tiere am ehesten.

Männchen machen bedeutet immer erhöhte Aufmerksamkeit. Die Ratte wittert Gefahr.

Die Rangordnung innerhalb der Rattenfamilie

Eine Rangordnung gibt es selbstverständlich auch bei Ratten. Sie ist allerdings nicht so eisern festgelegt wie bei den meisten anderen Tierarten. Im Löwenrudel beispielsweise ist es selbstverständlich, daß die älteren, dominierenden Männchen sich zuerst auf das Futter stürzen und die schwächeren, jüngeren Tiere und die Weibchen sich bei knappem Nahrungsangebot mit dem Rest begnügen müssen. Bei den Ratten dagegen ist es gerade umgekehrt. Wenn nicht genügend Futter zur Sättigung aller vorhanden ist, überlassen die stärkeren Männchen den Jungtieren und Weibchen den Vortritt. Die ranghöchsten Rattenmännchen sind eher tolerant und sehen über vieles hinweg. Ihre Aufgabe ist es in erster Linie, die Großfamilie vor Feinden und anderen Gefahren zu beschützen. Man kann es nicht anders ausdrücken: Das Leben in der Rattenburg ist von gegenseitiger Zuneigung und Rücksichtnahme geprägt. Die Tiere helfen sich gern und ausgiebig bei der gegenseitigen Fellpflege und kuscheln sich beim Schlafen eng aneinander. Eine besondere Eigentümlichkeit ist das sogenannte Über- oder Unterkriechen. Dabei kriechen die älteren Ratten über die jüngeren hinweg, eine Prozedur, die beiden Seiten gefällt und entsprechend häufig wiederholt wird. Es handelt sich dabei offensichtlich um den Austausch von Zärtlichkeiten.

Aufgabenteilung

Jüngere männliche und weibliche Ratten, die in den Randbezirken des Rattenbaues leben, haben vor allem die Aufgabe, den Clan zu warnen, wenn ihm irgendeine Gefahr droht. Sie signalisieren dann in Ultraschalltönen »Alarm«, laufen in die inneren Räume der Behausung und wecken alle auf. Die ranghöchsten älteren Männchen treffen dann die Entscheidung darüber, wie der Gefahr zu begegnen ist. Sie stellen sich einem Eindringling entgegen, bereit zum Kampf. Sie veranlassen und organisieren, wenn nötig, die Flucht aus dem Bau.

Die geschlechtsreifen Weibchen sind im wesentlichen mit der Aufzucht der Jungen beschäftigt.

Die Rattenweibchen ziehen den Nachwuchs sogar gemeinsam in der geschützt liegenden Wochenstube groß. Es gibt keine strenge Abgrenzung der einzelnen Wurfnester. Wenn eines der Weibchen den Raum verläßt, um Futter zu suchen oder aus einem anderen Grund, so kümmern sich die anderen während ihrer Abwesenheit um die Jungen. Sie säugen, putzen und beaufsichtigen die Jungratten zusammen mit ihren eigenen. Auf diese Weise ist das Überleben der kleinen Ratten auch dann gesichert, wenn der Mutter draußen etwas zustößt und sie gar nicht mehr zurückkehrt. Der Nestbau gehört ebenso wie der »Demutsschrei« zu denjenigen Verhaltensweisen, die Ratten erst lernen müssen. Unter natürlichen Bedingungen im Rattenrudel schauen sie den erfahrenen Rattenweibchen ab, wie man es macht.

Mit der Abwehr von fremden Eindringlingen befassen sie sich – übrigens recht erfolgreich – nur ausnahmsweise, wenn männliche Unterstützung fehlt.

Sogenannte »Vorkoster« sind meist jüngere männliche Ratten im Clan. Sie erfüllen eine sehr wichtige Aufgabe. Ihnen kommt es zu, als erste von unbekanntem Futter zu kosten. Das kann ein Stück Pizza sein, eine exotische Frucht oder auch ein neuer Giftköder. Die anderen

Junge Ratten. Die kleinen Ratten werden bis zu vier ▷ Wochen lang von ihrer Mutter gesäugt. Jede möchte sich den besten Platz an den milchspendenden Zitzen der Mutter erobern.

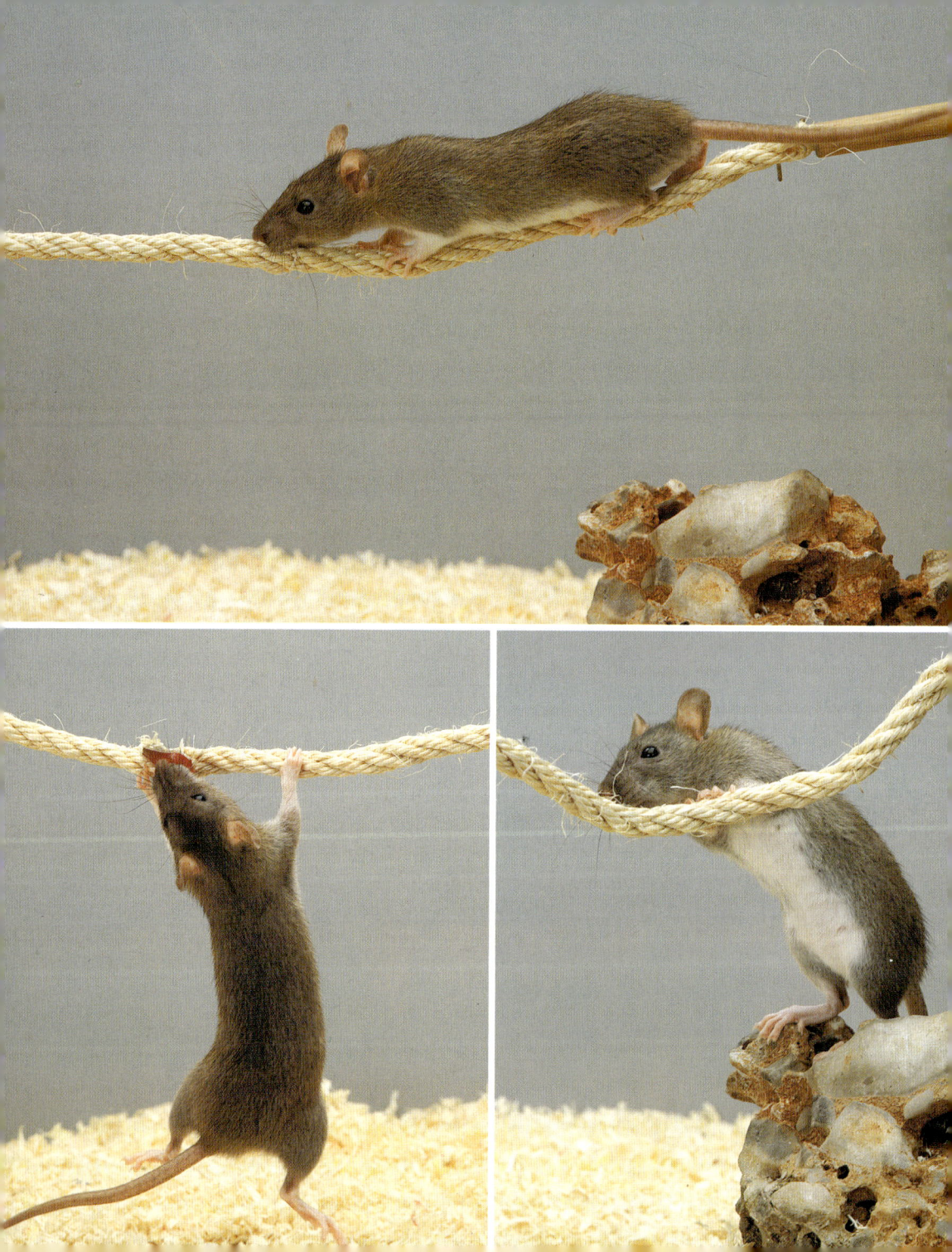

Ratten verstehen lernen

Tiere beobachten den Vorkoster aufmerksam und warten ab, was passiert.

Niemand sonst nähert sich dem Futter, auch dann nicht, wenn Nahrungsmangel herrscht. Erst wenn Stunden vergangen sind, ohne daß der Vorkoster Anzeichen einer Erkrankung aufweist oder gar stirbt, tun sich auch die anderen Ratten an dem Futter gütlich.

Junge Ratten nehmen nur Essen zu sich, an dem auch die älteren Tiere bereits genagt und Geruchsspuren hinterlassen haben. Diese raffinierte Technik hat viel zum Überleben der rund um die Welt verfolgten Ratten beigetragen.

Kein Mitglied eines Rattenrudels rührt bis an sein Lebensende einen Köder an, nach dessen Verzehr einer seiner Vorkoster gestorben ist. Man weiß nicht, was man mehr bewundern soll, die Gedächtnisleistung der vielen Artgenossen oder die Kühnheit des Vorkosters, der sich für das Todeskommando zur Verfügung stellt – zum Wohl der anderen.

Rattenalltag

Wenn alles normal verläuft, keine besondere Gefahr droht und die Futterbeschaffung gesichert ist, verbringen die außerordentlich wißbegierigen Ratten rund 80 Prozent ihrer aktiven Phase damit, ihr Revier zu erkunden. Sie beschnuppern alles, was ihnen auf ihrem Erkundungsgang begegnet. Das geschieht aber nicht aus reiner Neugier, es steckt auch eine gesunde Portion Mißtrauen hinter diesem Verhalten. Jede Veränderung in der gewohnten Umgebung wird sorgfältig registriert, alles ist verdächtig. Die Ratten wissen anscheinend ganz

genau, daß ihr größter Feind, der Mensch, erfinderisch ist. Sie wittern deshalb bei jeder Abweichung von der Norm eine Falle – im buchstäblichen oder übertragenen Sinn. Den Rest ihrer Zeit nutzen die Ratten für eine penible Fellpflege. Sie putzen sich, am liebsten in der Sonne, bis jedes einzelne Haar so richtig schön glänzt. Natürlich darf auch das so dringend erforderliche Abschleifen der ständig wachsenden Nagezähne nicht zu kurz kommen. Zwischendurch bleibt noch Spielraum zum Austausch von Zärtlichkeiten und für die Befriedigung des Sexualtriebes.

Wenn es in der Rattenburg zu eng wird

Das einzige, was Ratten – abgesehen von Katastrophen wie Erdbeben oder Überflutung – veranlassen kann, ihren Bau und ihr Revier zu verlassen, ist Raumnot. Erstaunlicherweise kann nicht einmal der Mangel an Nahrung sie dazu veranlassen. Ratten sind zwar sehr gesellig, aber wenn es zu eng wird in der Rattenburg, fühlen sie sich dort nicht mehr wohl. Besonders die jüngeren Ratten, die in den Randbezirken des Baues leben, wandern in kleineren oder größeren Gruppen aus, um sich anderswo einen neuen Bau anzulegen.

Domestizierte Ratten haben diese Möglichkeit nicht, wenn es ihnen im Käfig aufgrund der natürlichen Vermehrung zu eng wird. Deshalb kommt es bei ihnen zu ganz eigenartigen Erscheinungen, wenn sie nicht rechtzeitig in andere Käfige umgesetzt werden. Die jüngeren Tiere flippen regelrecht aus. Sie bilden »Banden« und interessieren sich nicht mehr für das andere Geschlecht. Dauert der Zustand an, so hören schließlich auch die älteren Ratten auf, sich fortzupflanzen. Anstelle des gerade bei Ratten so hoch entwickelten Sozialverhaltens tritt purer Egoismus. Das bedeutet nun nicht, daß jeder gegen jeden kämpft, sondern äußert sich folgendermaßen: Jedes Tier führt sein eigenes Leben und versucht, seine Privilegien bei-

◁ Kletterpartie. Oben: Ratten balancieren sehr geschickt auf einem Seil.
Unten links: Manchmal ist es gar nicht so einfach, auf das Seil hinaufzukommen. Zunächst »hangelt« sich die Ratte an dem Seil entlang.
Unten rechts: Sie versucht schließlich, das Seil von dem Stein aus zu erklettern.

spielsweise seinen besonders geschützten Schlafplatz zu erhalten, so gut es geht. Interessant ist, daß auch nach dem Tode einer Reihe Artgenossen, wenn den anderen wieder mehr Raum zur Verfügung steht, sich das Verhalten nicht wieder ändert. Es findet keine neue Sozialisierung statt, sondern das Rudel stirbt buchstäblich aus.

Sexualverhalten

Überraschendes bietet auch das Sexualverhalten der Ratten. Die jungen erwachsenen Männchen sind sexuell am aktivsten, und zwar mit Billigung der älteren. Diese Praxis dient mit großer Wahrscheinlichkeit der Erhaltung und Verbreitung der Art. Sehr interessant und wissenschaftlich noch nicht geklärt ist das Verhalten der Weibchen, die über geradezu sensationelle Praktiken verfügen. Rattenweibchen besitzen die seltsame Fähigkeit, bei ungünstigen Umständen der äußeren Lebensbedingungen wie beispielsweise Raumnot oder Nahrungsmangel die bereits im Mutterleib entwickelten Föten wieder zurückzubilden. Das gleiche tun sie aber auch, wenn der bereits erwartete Nachwuchs von einem Rattenmännchen stammt, dem sie weniger Sympathie entgegenbringen.

Aufforderung zum Putzen: Die rechte Ratte möchte von der linken geputzt werden.

Ausschlaggebend ist dann das nachträgliche Auftauchen eines Favoriten, der sie befruchtet. Wie die Weibchen das machen, bleibt ihr Geheimnis. Jedenfalls scheinen sie in der beneidenswerten Lage zu sein, nur Wunschkinder zur Welt zu bringen.

Ratten sind Überlebenskünstler

Was der Mensch auch anstellen mag, um die Ratten zu vernichten, es gelingt ihm nicht einmal, ihre Anzahl wesentlich zu reduzieren. Auf der Erde leben heute ebenso viele Ratten wie Menschen. In manchen Gegenden kommt man sogar auf die dreifache Menge Ratten wie Menschen. Diese Zahlen bleiben ziemlich konstant, trotz aller Vernichtungsfeldzüge durch den Menschen.

Gift: Es kann keinen Zweifel daran geben, daß Ratten sehr intelligente Tiere sind. Hinzu kommt ein hochentwickelter Geruchs- und Geschmackssinn, der es ihnen ermöglicht, noch zwei Millionstel eines Giftes im Futter wahrzunehmen. Solcherart und durch den Vorkoster (→ Seite 46) gewarnt, wurde es schon vor Jahren immer aussichtsloser, den sogenannten Schädlingen mit herkömmlichem Gift beizukommen. Da verfielen Wissenschaftler auf ein neues Mittel. Man verwendete Antikoagulantien. Dies sind Mittel, die die Blutgerinnung hemmen. Verzehrt eine Ratte etwas davon, stirbt sie erst nach einigen Tagen einen qualvollen Tod. Sie verblutet innerlich. Wegen der langen Wirkungszeit nützt den Ratten hier auch der Vorkoster nicht mehr. Es zeigt sich erst zu spät, daß er ein tödliches Gift aufgenommen hat. Inzwischen weiß niemand mehr, von welcher Nahrungsquelle das Gift stammt. Aber es dauerte nicht lange, da tauchten bereits die ersten »Superratten« auf, die völlig immun gegen dieses Mittel waren.

Andere Methoden: Neuere Versuche, Ratten mit Hilfe von mißtönenden Ultraschallauten zu vertreiben, scheiterten ebenfalls. Umweltbewußte Hersteller ökologischer Produkte versuchen es neuerdings mit durch Sonnenenergie betriebenen Schwingstäben. Sie werden einfach in die Erde gesteckt. Dort vibrieren sie so gräßlich, daß Mäuse, Ratten und andere im Erdboden lebende Tiere in die Flucht getrieben werden. Vertreiben statt töten ist auch das Motto derjenigen, die es mit Hilfe von mit Duftstoffen präparierten Lavabrocken probieren wollen. Die Lavabrocken werden ins Erdreich oder in die Gänge von Rattenbauten gelegt. Doch auch diese Methode erwies sich als erfolglos. Selbst Atombombenangriffen vermag der Lebenskünstler Ratte zu widerstehen. 1950 betraten amerikanische Wissenschaftler zum ersten Mal wieder die Atollinsel Engibi im Pazifik. Diese Insel war zuvor jahrelang Versuchen mit Atombomben ausgesetzt worden. Man fand dort kein einziges Lebewesen mehr vor. Boden-, Pflanzen- und Meerestiere waren hochgradig verseucht. Vorsorglich stellten die Wissenschaftler eine Falle auf, bevor sie sich schlafen legten. Am nächsten Morgen fanden sie darin eine kerngesunde Ratte, die keinerlei genetische Schäden aufwies.

Die Leistungen der Sinnesorgane

Der Geruchssinn ist bei Ratten am höchsten entwickelt. Mit seiner Hilfe finden sie ihre Nahrung und können Freund und Feind voneinander unterscheiden.

Der Geschmacksinn ist gleichfalls sehr differenziert. Sie können sogar winzigste Giftspuren in einem Köder aufspüren.

Das Gehör – ebenfalls bestens ausgeprägt – erlaubt ihnen, sich untereinander in Ultraschalltönen zu verständigen. Wenn sie wütend sind, stoßen sie hohe, helle Schreie aus, die von Menschen mit feinem Gehör wahrgenommen und leicht mit Pfeiftönen verwechselt werden können. Außerdem gibt es spezielle Sexuallockrufe. Rattenbabys, die Angst haben, geben Quietschlaute im Ultraschallbereich von sich.

Der Gesichtssinn dagegen ist wie bei allen nacht- beziehungsweise dämmerungsaktiven Tieren weniger scharf.

Der Tastsinn bietet eine ausgezeichnete Orientierungshilfe. Tast- oder Schnurrbarthaare (→ Zeichnung, Seite 31) reagieren besonders sensibel.

Durch gegenseitige Fellpflege wird unter den Mitgliedern des Rattenclans ein Sozialkontakt hergestellt.

Der Gleichgewichtssinn ist noch nicht eindeutig erforscht. Man vermutet, daß die Ratten es mit Hilfe des Gleichgewichtssinnes fertig bringen, wie ein lebender Seismograph ein Erdbeben und Katastrophen im voraus anzukündigen.

Andere besondere Fähigkeiten

● Ausgewachsene Ratten können sich durch Öffnungen zwängen, die nicht größer sind als ein normales 5-Mark-Stück.

● Ratten können kilometerweit schwimmen und mit Hilfe ihrer geschickten Greifhände gut fischen.

● Ratten können hervorragend tauchen, beispielsweise durch Abwasserkanäle.

● Ratten können an Sielrohren senkrecht nach oben klettern, vom Keller bis in den 10. Stock eines Hochhauses.

Ratten verstehen lernen

- Ratten sind wahre Balancekünstler und gelangen sicher über Ankerketten, Seile oder Telegraphenleitungen ans Ziel.
- Ratten können sich jedem Klima anpassen.

Intelligenz

Für die erstaunliche Intelligenz von Ratten wurden in diesem Buch bereits viele Beispiele angeführt. Vor allem ihre Lernfähigkeit und ihr Anpassungsvermögen zeugen für ihre wache Intelligenz. Ratten sind in der Lage, sich in einer völlig fremden Umgebung rasch zurecht zu

Abwehrverhalten. Fühlt sich eine Ratte in die Enge getrieben, baut sie sich drohend vor dem vermeintlichen Gegner auf. Durch einen Schrei, der im Ultraschall-Bereich liegt und deshalb für Menschen nicht hörbar ist, vertreibt sie einen fremden Artgenossen.

finden und sich den neuen Gegebenheiten anzupassen. Die domestizierten Ratten haben es in kürzester Zeit gelernt, dem Menschen, der sie jahrtausendelang nur verfolgt hat, Vertrauen entgegenzubringen. Sie werden rasch handzahm und schmusen mit dem menschlichen Riesen, als wäre er nichts anderes als eine überdimensionale Ratte.

In der Legende vom Rattenfänger von Hameln wird den Ratten sogar Musikalität bescheinigt. Mit einer Flöte ließen sie sich aus der Stadt locken. Heute steht fest, daß Ratten tatsächlich Musik lieben, besonders klassische Flötenkonzerte, etwa von Mozart und Haydn. Jeder Rattenfreund kann die Probe aufs Exempel machen und seinen Tieren damit große Freude bereiten.

Vor allem anderen spricht aber die Kunst des Überlebens für ihre Intelligenz. Dabei spielt gewiß auch die harte Schule, die sie als Verachtete und Gejagte hinter sich haben, eine entscheidende Rolle. Wer nicht lernfähig war und sich den oft widrigsten Bedingungen nicht anzupassen verstand, ging unter. Übrig blieben die klügsten, am höchsten entwickelten Tiere, die in der Lage waren, mit so ziemlich jeder Situation fertigzuwerden. Auch das hohe Sozialbewußtsein der Ratten, ihr unbedingtes Zusammenhalten, füreinander Eintreten, sich gegenseitig Schützen ist nichts anderes als eine Ausdrucksform ihrer Intelligenz. Denn als ichbezogene Einzelgänger wären sie schon längst ausgerottet worden . . .

Adressen und Literatur

Benutzte Literatur zum Thema

Falls einige der genannten Bücher im Buchhandel nicht mehr erhältlich sind, bekommen Sie sie in der Regel in Bibliotheken.

Apfelbach, R./Döhl, J.: *Verhaltensforschung.* Stuttgart 1980³.

Buchholtz, Chr.: *Das Lernen bei Tieren.* Stuttgart 1973.

Cassani, M./Rinetti, L.: *Die Welt der Nagetiere.* Freiburg 1978.

Deckert, G. und K.: *Verhaltensformen der Tiere.* Leipzig, Jena, Berlin 1974.

Eibl-Eibesfeldt, I.: *Grundriß der vergleichenden Verhaltensforschung.* München, Zürich 1967⁶.

Bulla, G.: *Die kluge Ratte.* Reinbek bei Hamburg 1986.

Hendrickson, R.: *More cunning than man.* New York 1983.

Hess, J.: *Heimliche Untermieter.* Solothurn 1980.

Illies, J.: *Anthropologie des Tieres*, München 1977.

Niethammer, J.: *Zur Taxonomie und Ausbreitungsgeschichte der Hausratte.* Sonderdruck, München 1974.

Olsen, L.-H., Riehl L.: *Ratten in der Stadt.* Heidelberg 1983.

Schmidt, H.: *Nagetiere.* Minden 1979.

Schwertner, P.: *Ungeliebte Tiere und wie sie wirklich sind.* Hannover 1981.

Tinberger, N.: *Tiere und ihr Verhalten.* Reinbek 1976.

Ullrich, W.:, *Tiere recht verstanden.* Leipzig, Jena, Berlin 1966.

Zaniewski, A.: *Die Ratte*, München 1994

Zinsser, H.: *Ratten, Läuse und die Weltgeschichte*, Stuttgart und Calw 1953.

Adressen, die weiterhelfen

Fragen zur Haltung von Ratten beantworten:

Verein der Rattenliebhaber und -züchter in Deutschland (VdRD) e. V.
Postfach 15 03 24
60063 Frankfurt am Main

Ihr Zoofachhändler
Zentralverband Zoologischer
Fachbetriebe Deutschlands, e. V.
63225 Langen, Telefon: 0 61 03/91 07 32
(nur telefonische Auskunft möglich)

National Fancy Rat Society
Pro-Rat-A
Malcolm Clerox
18 Browns Lane
Ucksield, East Sussex TN 22 I R 4

Animus
34 Marshall Street
London WIV
England W 1

Arten- und Sachregister

Die **halbfett** gesetzten Seitenzahlen verweisen auf Farbfotos. U = Umschlagseite

Aus Liebe und Verantwortung

Heimtiere machen nicht nur Kindern, sondern der ganzen Familie viel Freude. Und ob Hund, Hamster oder Wellensittich – wer sich einmal an den kleinen Liebling gewöhnt hat, möchte ihn nicht mehr missen. Deshalb ist es wichtig, über die Bedürfnisse der Tiere wirklich Bescheid zu wissen. Die **GU Tier-Ratgeber** – von anerkannten Autoren geschrieben – sind ideal als Helfer bei der artgerechten Haltung mit Herz und Verstand. GU Ratgeber gibt es zu allen beliebten Tierarten. Sie sind auch für Kinder geeignet, die ihr Tier selbst versorgen wollen.

34,80 DM/272,-öS/34,80 sFr.

12,80 DM/100,-öS/12,80 sFr. 14,80 DM/116,-öS/14,80 sFr. 12,80 DM/100,-öS/12,80 sFr. 12,80 DM/100,-öS/12,80 sFr.

**Mehr draus machen.
Mit GU.**

Arten- und Sachregister

Wichtige Hinweise

In diesem Buch geht es um die Haltung und Pflege von Ratten. Durch unsaubere Haltung können Ratten von Hautpilzen befallen werden, die auf Menschen übertragbar sind (→ Seite 39). Gehen Sie mit dem erkrankten Tier sofort zum Tierarzt, und suchen Sie selbst beim geringsten Verdacht einen Arzt auf. Achten Sie beim Kauf der Tiere unbedingt auf die Anzeichen einer Hautpilzerkrankung. Ratten sind Nagetiere, die beim (notwendigen regelmäßigen) Auslauf in der Wohnung unbedingt beaufsichtigt werden müssen. Um lebensgefährliche Stromunfälle zu verhindern, achten Sie vor allem darauf, daß die Ratten keine Stromleitungen benagen. Es gibt Menschen, die allergisch auf Tierhaare reagieren. Fragen Sie im Zweifelsfall vor der Anschaffung Ihren Arzt.

Die beiden jungen Ratten sind gleichzeitig am Seil hochgeklettert, um ▷ an die Weintraube heranzukommen. »Futterneid« entsteht dabei nicht. Die Weintraube wird redlich geteilt.